Für

Linus, Luisa, Jonah und Elsa

Thies Claussen

Unsere Zukunft nach Corona

Künftige Entwicklungen in Gesellschaft, Wirtschaft, Umwelt und Technik

© 2020 Thies Claussen

Verlag und Druck: tredition GmbH, Halenreie 40-44, 22359 Hamburg

ISBN
Paperback: 978-3-347-08788-0
Hardcover: 978-3-347-08789-7
e-Book: 978-3-347-08790-3

Umschlagsfoto: Gerd Altmann auf Pixabay

Autorenfoto: Andreas Pohlmann

Das Werk, einschließlich seiner Teile, ist urheberrechtlich geschützt. Jede Verwertung ist ohne Zustimmung des Verlages und des Autors unzulässig. Dies gilt insbesondere für die elektronische oder sonstige Vervielfältigung, Übersetzung, Verbreitung und öffentliche Zugänglichmachung.

UNSERE ZUKUNFT NACH CORONA

Künftige Entwicklungen in Gesellschaft, Wirtschaft, Umwelt und Technik

Inhalt

Vorwort 9

1. Unsere Welt nach Corona 11

2. Megatrends bestimmen unsere Zukunft 19
   Demografischer Wandel 20
   Globalisierung 23
   Digitalisierung 25
   Klimawandel 27
   Neue Arbeitswelt 29
   Gesundheit 31

3. Demografie: Wir leben länger 35
   Die Lebenserwartung steigt weiter an 35
   Älterer Bevölkerungsanteil wächst weiter 37
   Regionale Auswirkungen der Demografie 40
   Verschiedene Lebensphasen 43
   65plus Generation ist innovationsfreudig 45

4. Arbeitswelt der Zukunft: Die Anforderungen steigen 47
   Geht uns die Arbeit in Zukunft aus? 47
   Krise der Erwerbsgesellschaft? 49
   Neue Jobs in neuen Berufen 51
   Studie „2050: Die Zukunft der Arbeit" 52
   Gewinner und Verlierer 55
   Innovationen für die Arbeit von morgen 57
   Arbeit verleiht Würde und Identität 60
   Nur fünf Stunden Arbeit jeden Tag? 61
   Die Arbeitswelt wird weiblicher 62

Ältere Mitarbeiter werden verstärkt gebraucht 63

5. Klima und Energie: Engpassfaktoren 65
Erdöl, Kohle und Erdgas dominieren die weltweite Energieerzeugung ...65
Neuer Bericht an den Club of Rome 66
Deutliche Klimaänderungen zeichnen sich ab 68
Wege zu weniger Kohlendioxid 72
„Green Deal" der Europäischen Union 74
Deutschland als Vorreiter beim Thema Klima und Energie 75
Energiekonzept 2050 77
Klimaschutzprogramm 2030 80

6. Verkehr der Zukunft: Stau ohne Ende? 83
Vision für nachhaltigen Verkehr 83
Intelligenter Verkehr 86
Autonomes Fahren 87
Assistenzsysteme machen den Verkehr sicherer 90
Wie entwickelt sich der Güterverkehr? 92
Nutzfahrzeuge der Zukunft 93
Reise in das Jahr 2050 96

7. Technologische Entwicklungen: Die Wellen kommen schneller 99
Von der Dampfmaschine zum Internet 100
Das Mooresche Gesetz 101
Unterschiedliche technische Entwicklungsdynamik 102
Welche Technologien prägen künftig Alltagsleben und Industrie? 106

8. Beispiele: Biotechnologie, Künstliche Intelligenz, 3D-Druck 111
Beispiel 1: Biotechnologie 111
Rote Biotechnologie: Medizin 112
Grüne Biotechnologie: Landwirtschaft 113
Weiße Biotechnologie: Industrie 114
Impulse der Biotechnologie für andere Technologiefelder 116
Beispiel 2: Fortschritte der Künstlichen Intelligenz 118
Überraschende Fortschritte der Künstlichen Intelligenz 118
Chinesisches Brettspiel Go fordert Künstliche Intelligenz heraus 119
Künstliche Intelligenz wird vielseitig eingesetzt 121
Künstliche Intelligenz: Menschheitserlöser oder Gefahr? 122
Beispiel 3: 3D-Druck revolutioniert die Produktion 123
3D-Druck für komplexe Anwendungen 124
Schwerpunkt industrieller 3D-Druck 127
Die Wellen technischer Innovationen kommen schneller 128

9. Digitalisierung und Industrie 4.0 131
Daten als Grundlage der Digitalisierung 131
Vier Stufen der digitalen Wertschöpfung 133
Digitaler Wandel treibt die Manager 134
Digitalisierung der Wirtschaft nimmt Fahrt auf 137
Digitale Agenda der Bundesregierung 140
Auch Bundesländer sind aktiv: Beispiel Bayern 142
Industrie 4.0 143
Zukunftsszenarien für die Industrie 4.0 144

10. Medienwelt und Internet: Medienflut und Infostress 147
Smartphones als „Alleskönner" 148
Fernsehen und Radio bleiben Eckpfeiler der Medienwelt 150
Zukunft des Fernsehens 152
Wandel der Mediennutzung 154
Infostress durch Medienflut 156

11. Medizin und Gesundheit machen Fortschritte 161
Individualisierte Medizin 162
Krankheiten gezielt vorbeugen 165
Krankheiten frühzeitig erkennen und behandeln 165
Diagnostik präzisieren und wirksamere Therapien ableiten 165
Neue Therapieverfahren und Therapieprodukte entwickeln 166
Neue Chancen durch Digitalisierung 167
Wachsende Bedeutung der Medizintechnik 168
Von Robotern gepflegt werden? 170
Ausflug zum Hausarzt im Jahr 2050 171
Megatrend Gesundheit 172

12. Haushalt und Wohnen: Nur noch smart homes? 179
Haushaltsgröße sinkt 179
Wohnflächenbedarf steigt 181
Kluft zwischen Stadt und Land wird größer 182
Technik und Wohnkomfort 184
Trends für die Zukunft des Wohnens 188

13. Freizeit und Urlaub: Wellness ohne Ende? 193
Freizeitaktivitäten der Deutschen 193
Veränderung der Freizeitaktivitäten 196
Freizeit am Wohnort 197
Urlaubstrends 198
Wohin geht die Reise? 201

14. Bildung der Zukunft: Kreativität als Schlüsselkompetenz 205
Komplexer Bildungsprozess 206
Lehren, Lernen und Leben in der digitalen Welt 207
Neun Thesen zur digitalen Bildung 209
Die Schule im Jahr 2030 211
Trends für die Wissensgesellschaft 213
Kreativität als Schlüsselkompetenz 218
Künftiger Vorlesungsbetrieb an der Universität 219

15. Wertewandel: Mehr Wir-Gefühl als Ego-Kult? 221
Grundgesetz als Wertefundament 221
Wertewandel 223
Shell Jugendstudie 2019 224
Wege zu einer zukunftsfähigen Kultur 230
Zukunftshoffnungen der Deutschen 232
Tendenz zu prosozialen Werten 234
Empfehlungen eines Zukunftsforschers 236

16. Ausblick: Wem gehört die Zukunft? 239

Literaturverzeichnis 247

Vorwort

Ein Blick in die Zukunft: Lohnt sich das überhaupt? Zeigt nicht die Corona-Pandemie 2020 drastisch, dass weltweit das gesellschaftliche, wirtschaftliche und kulturelle Leben unvorhergesehen in weiten Teilen zum Stillstand gekommen ist? Hätten Wissenschaft, Forschung und Politik das nicht voraussehen müssen?

Auch künftig ist die Menschheit nicht vor Pandemien, Krisen, Kriegen oder Naturkatastrophen geschützt. Aber können wir deshalb den Kopf in den Sand stecken und nicht mehr nach vorne blicken?

Ganz im Gegenteil: Wir müssen mehr in die Zukunft schauen und hellhöriger sein, wenn zum Beispiel 2015 Bill Gates, der Gründer von Microsoft, in einem öffentlichen Vortrag drastisch davor warnte, dass eine Pandemie tödlicher sein könne als eine Atombombe.

Es kommt wieder eine Zeit nach der Corona-Katastrophe, wenn nach einem beispiellosen weltweiten Wettlauf der Labore und Forschungseinrichtungen geeignete Medikamente und Impfstoffe verfügbar sind und wenn die Wirtschaft nach einer Rezession wieder Schwung aufgenommen hat. Wenn wir dann künftige Entwicklungen besser einschätzen können, können wir diese auch umso besser gestalten.

Wie aber sieht unsere Zukunft aus? Wie leben wir in Deutschland in den kommenden Jahrzehnten? Welche Anforderungen stellt uns unsere zukünftige Arbeit? Von welcher Lebenserwartung können wir ausgehen? Welche Entwicklungen zeichnen sich in den Bereichen Klima und Energie, Verkehr, Technologie oder Digitalisierung ab? Ermöglicht uns der medizinische Fortschritt ein gesundes Altern? Wie gehen wir künftig mit unserer Freizeit um? Welchen Herausforderungen muss sich unser Bildungssystem in Zukunft stellen? Sind die künftige Medienwelt und das Internet eher Hilfe oder Belastung? Welche Werte sind für uns wichtig?

Diese und viele andere Fragen stellen sich uns für die Zukunft. Keiner kann zwar die Zukunft exakt vorhersagen. Aber viele Trends und Megatrends zeichnen sich ab.

Der Autor stützt sich bei der Beschreibung künftiger Trends auf die Arbeiten anerkannter Zukunftsforscher wie Horst W. Opaschowski, Reinhold Popp, Ulrich Reinhardt, Ulrich Eberl oder Matthias Horx, auf aktuelle Studien von Stiftungen und Instituten, auf Untersuchungen und Berichte der Bundesregierung und anderer öffentlicher Einrichtungen, Verbände und Organisationen.

Dieses Buch gibt zu wichtigen Themen, die unsere Zukunft betreffen, Informationen, Antworten und Anregungen. Dabei setzt der Autor weder auf Panikmache oder Science-Fiction noch auf einen ungerechtfertigten Zukunftsoptimismus. Vielmehr werden künftige Entwicklungen sachbezogen, übersichtlich und verständlich dargestellt und analysiert. Dadurch erhalten die Leserinnen und Leser einen Überblick, um künftige Entwicklungen selbst besser einordnen und beurteilen zu können.

Krailling/München   Juni 2020   Dr. Thies Claussen

1. Unsere Welt nach Corona

Die Corona-Pandemie hat Anfang 2020 das gesellschaftliche und wirtschaftliche Leben weltweit zum Erliegen gebracht. Angesichts der exponentiellen Ausbreitung des Covid-19 Virus haben fast alle Staaten strenge Ausgangsbeschränkungen und Hygienemaßnahmen veranlasst, Schulen und Kindergärten, Restaurants und Cafés, Theater, Kinos, die meisten Geschäfte, Sporteinrichtungen, Spielplätze und vieles mehr wurden geschlossen, Flugzeuge blieben am Boden, Grenzen wurden geschlossen.

Die ebenfalls stark betroffene Wirtschaft wich auf Home-Office und wo möglich Kurzarbeit aus. Schüler und Schulen sammelten Erfahrungen mit Homeschooling. Die Chancen und Möglichkeiten der Digitalisierung rückten stärker ins Bewusstsein. Deutlich wurde auch, dass die Gesundheitssysteme in vielen Punkten nicht auf eine derartige Pandemie vorbereitet waren.

Engpässe bei der Versorgung mit Medikamenten wurden als Folge der Verlagerung der Medikamenten-Produktion nach China und Indien deutlich. Der weltweite Wettlauf der Labore und Forschungseinrichtungen um geeignete Corona-Medikamente und Impfstoffe zeigte auf, dass unsere hochtechnisierte Welt Grenzen hat und wichtige Lösungen nicht in wenigen Tagen, Wochen oder Monaten erreichbar sind.

Irgendwann ist das alles überstanden. Und dann – so der Soziologe Aladin El-Maffalani – wird unvergessen bleiben, wie wichtig so altmodische Dinge wie Familie, professionelle Medien, ein gut funktionierender Staat und verlässliche Politiker/innen sind.[1] Und dass Digitalisierung nicht nur hip, sondern auch wirklich notwendig ist. Wie unverzichtbar Kitas und Schulen sind. Und wie existenziell Mitarbeiter/innen im Gesundheitssystem, Arbeitskräfte in der Lebensmittelindustrie und im Lebensmitteleinzelhandel, Polizei, Feuerwehr und Müllentsorgung, Wasser- und Stromversorgung, aber auch Postzusteller/innen und Lkw-Fahrer/innen sind.[2]

Der Zukunftsforscher Matthias Horx hat im März 2020, also mitten in der Corona-Krise, einen interessanten Beitrag zu unserer Welt nach Corona geliefert.[3] Horx wendet dabei eine Corona-Rückwärts-Prognose an: Der Blick geht von der Zukunft aus zurück ins Heute. Horx:

„Stellen wir uns eine Situation im Herbst vor, sagen wir im September 2020. Wir sitzen in einem Straßencafé in einer Großstadt. Es ist warm, und auf der Straße bewegen sich wieder Menschen. Bewegen sie sich anders?

Ist alles so wie früher? Schmeckt der Wein, der Cocktail, der Kaffee, wieder wie früher? Wie damals vor Corona? Oder sogar besser?

Worüber werden wir uns rückblickend wundern?

Wir werden uns wundern, dass die sozialen **Verzichte,** die wir leisten mussten, selten zu Vereinsamung führten. Im Gegenteil. Nach einer ersten

---

[1] Vgl. dazu: Zehn Lehren aus der Corona-Krise, unter: https://www.hr-inforadio.de/programm/themen/zehn-lehren-aus-der-corona-krise,lehren-aus-corona-100.html, [Stand: 3. 6. 2020]
[2] Ebd.
[3] Vgl. Matthias Horx: 48 – Die Welt nach Corona, unter: https://www.horx.com/48-die-welt-nach-corona/ [Stand: 3. 6. 2020] Vgl. auch www.horx.com und www.zukunftsinstitut.de

Schockstarre fühlten viele von sich sogar erleichtert, dass das viele Rennen, Reden, Kommunizieren auf Multikanälen plötzlich zu einem Halt kam. Verzichte müssen nicht unbedingt Verlust bedeuten, sondern können sogar neue Möglichkeitsräume eröffnen. Das hat schon mancher erlebt, der zum Beispiel Intervallfasten probierte – und dem plötzlich das Essen wieder schmeckte. Paradoxerweise erzeugte die körperliche Distanz, die der Virus erzwang, gleichzeitig neue Nähe. Wir haben Menschen kennengelernt, die wir sonst nie kennengelernt hätten. Wir haben alte Freunde wieder häufiger kontaktiert, Bindungen verstärkt, die lose und locker geworden waren. Familien, Nachbarn, Freunde, sind näher gerückt und haben bisweilen sogar verborgene Konflikte gelöst.

Die gesellschaftliche Höflichkeit, die wir vorher zunehmend vermissten, stieg an.

Jetzt im Herbst 2020 herrscht bei Fußballspielen eine ganz andere Stimmung als im Frühjahr, als es jede Menge Massen-Wut-Pöbeleien gab. Wir wundern uns, warum das so ist.

Wir werden uns wundern, wie schnell sich plötzlich Kulturtechniken des Digitalen in der Praxis bewährten. Tele- und Videokonferenzen, gegen die sich die meisten Kollegen immer gewehrt hatten (der Business-Flieger war besser) stellten sich als durchaus praktikabel und produktiv heraus. Lehrer lernten eine Menge über Internet-Teaching. Das Homeoffice wurde für Viele zu einer Selbstverständlichkeit – einschließlich des Improvisierens und Zeit-Jonglierens, das damit verbunden ist.

Gleichzeitig erlebten scheinbar veraltete Kulturtechniken eine Renaissance. Plötzlich erwischte man nicht nur den Anrufbeantworter, wenn man anrief, sondern real vorhandene Menschen. Das Virus brachte eine neue Kultur des Langtelefonieren ohne Second Screen hervor. Auch die »messages« selbst bekamen plötzlich eine neue Bedeutung. Man kommunizierte wieder wirklich. Man ließ niemanden mehr zappeln. Man hielt niemanden mehr hin. So entstand eine neue Kultur der Erreichbarkeit. Der Verbindlichkeit.

Menschen, die vor lauter Hektik nie zur Ruhe kamen, auch **junge** Menschen, machten plötzlich ausgiebige Spaziergänge (ein Wort, das vorher eher ein Fremdwort war). Bücher lesen wurde plötzlich zum Kult.
Reality Shows wirkten plötzlich grottenpeinlich. Der ganze Trivial-Trash, der unendliche Seelenmüll, der durch alle Kanäle strömte. Nein, er verschwand nicht völlig. Aber er verlor rasend an Wert.
Kann sich jemand noch an den Political-Correctness-Streit erinnern? Die unendlich vielen Kulturkriege um ... ja um was ging da eigentlich?
Krisen wirken vor allem dadurch, dass sie alte Phänomene auflösen, überflüssig machen...

Zynismus, diese lässige Art, sich die Welt durch Abwertung vom Leibe zu halten, war plötzlich reichlich out.

Die Übertreibungs-Angst-Hysterie in den Medien hielt sich, nach einem kurzen ersten Ausbruch, in Grenzen. Nebenbei erreichte auch die unendliche Flut grausamster Krimi-Serien ihren Tipping Point.

Wir werden uns wundern, dass schließlich doch schon im Sommer Medikamente gefunden wurden, die die Überlebensrate erhöhten. Dadurch wurden die Todesraten gesenkt und Corona wurde zu einem Virus, mit dem wir eben umgehen müssen – ähnlich wie die Grippe und die vielen anderen Krankheiten. Medizinischer Fortschritt half. Aber wir haben auch erfahren: Nicht so sehr die Technik, sondern die Veränderung sozialer Verhaltensformen war das Entscheidende. Dass Menschen trotz radikaler Einschränkungen solidarisch und konstruktiv bleiben konnten, gab den Ausschlag. Die human-soziale Intelligenz hat geholfen. Die vielgepriesene Künstliche Intelligenz, die ja bekanntlich **alles** lösen kann, hat dagegen in Sachen Corona nur begrenzt gewirkt.

Damit hat sich das Verhältnis zwischen Technologie und Kultur verschoben. Vor der Krise schien Technologie das Allheilmittel, Träger aller Utopien. Kein Mensch – oder nur noch wenige Hartgesottene – glauben heute noch an die große digitale Erlösung. Der große Technik-Hype ist vorbei. Wir richten unsere Aufmerksamkeiten wieder mehr auf die humanen Fragen: Was ist der Mensch? Was sind wir füreinander?

Wir staunen rückwärts, wieviel Humor und Mitmenschlichkeit in den Tagen des Virus tatsächlich entstanden ist.

Wir werden uns wundern, wie weit die Ökonomie schrumpfen konnte, ohne dass so etwas wie »Zusammenbruch« tatsächlich passierte, der vorher bei jeder noch so kleinen Steuererhöhung und jedem staatlichen Eingriff beschworen wurde. Obwohl es einen »schwarzen April« gab, einen tiefen Konjunktureinbruch und einen Börseneinbruch von 50 Prozent, obwohl viele Unternehmen pleitegingen, schrumpften oder in etwas völlig anderes mutierten, kam es nie zum Nullpunkt. Als wäre Wirtschaft ein atmendes Wesen, das auch dösen oder schlafen und sogar träumen kann.

Heute im Herbst, gibt es wieder eine Weltwirtschaft. Aber die Globale Just-in-Time-Produktion, mit riesigen verzweigten Wertschöpfungsketten, bei denen Millionen Einzelteile über den Planeten gekarrt werden, hat sich überlebt. Sie wird gerade demontiert und neu konfiguriert. Überall in den Produktionen und Service-Einrichtungen wachsen wieder Zwischenlager, Depots, Reserven. Ortsnahe Produktionen boomen, Netzwerke werden lokalisiert, das Handwerk erlebt eine Renaissance. Das Global-System driftet in Richtung GloKALisierung: Lokalisierung des Globalen.

Wir werden uns wundern, dass sogar die Vermögensverluste durch den Börseneinbruch nicht so schmerzen, wie es sich am Anfang anfühlte. In der neuen Welt spielt Vermögen plötzlich nicht mehr die entscheidende Rolle. Wichtiger sind gute Nachbarn und ein blühender Gemüsegarten.

Könnte es sein, dass das Virus unser Leben in eine Richtung geändert hat, in die es sich sowieso verändern wollte?"

Soweit die interessante, zur Diskussion anregende Analyse von Matthias Horx. Unabhängig davon, ob diese Annahmen bereits im Herbst 2020, oder manche davon eventuell erst im Sommer 2021 oder später. oder auch teilweise nicht eintreten: Viele Erfahrungen und Eindrücke aus der Corona-Pandemie werden unsere Zukunft beeinflussen. Die Beschäftigung mit Zukunftsfragen ist durch Corona nicht in den Hintergrund geraten, sondern im

Gegenteil wichtiger denn je. Je besser wir zukünftige Entwicklungen einschätzen können, umso besser können wir auch die Entwicklung positiv beeinflussen. Wie aber sehen wichtige Trends und Megatrends aus, die unsere Zukunft bestimmen? Versuchen wir im Folgenden, diese Fragen zu klären.

2. Megatrends bestimmen unsere Zukunft

„In einer Welt, die überflutet wird von bedeutungslosen Informationen, ist Klarheit Macht. Theoretisch kann sich jeder an der Diskussion über die Zukunft der Menschheit beteiligen, aber es ist ziemlich schwer, dabei den Durchblick zu behalten. Häufig bemerken wir noch nicht einmal, dass eine Debatte im Gang ist oder welches dabei die Kernfragen sind. Milliarden von uns können sich gar nicht den Luxus erlauben, sich näher damit zu befassen, weil wir dringlichere Dinge zu tun haben: Wir müssen arbeiten gehen, wir müssen uns um die Kinder oder um unsere alt werdenden Eltern kümmern. Leider gewährt die Geschichte keinen Rabatt. Wenn über die Zukunft der Menschheit in unserer Abwesenheit entschieden wird, weil wir zu sehr damit beschäftigt sind, unsere Kinder zu ernähren und mit Kleidung zu versorgen, werden wir und sie dennoch nicht von den Folgen verschont bleiben. Das ist ausgesprochen unfair; aber wer will behaupten, die Geschichte sei fair?"[4]

Soweit Yuval Noah Harari, der international bekannte israelische Historiker in seinem Buch „21 Lektionen für das 21. Jahrhundert".

Wenn wir nicht wollen, dass über die Zukunft der Menschheit „in unserer Abwesenheit" entschieden wird, brauchen wir mehr Klarheit, wie sich die

---

[4] Yuval Noah Harari: 21 Lektionen für das 21. Jahrhundert; 2. Aufl., München 2018, S. 11

Zukunft entwickelt. Einen ersten, noch groben Zugang zu dieser Frage erhalten wir über Megatrends, die unsere Zukunft prägen.

Der Zukunftsforscher John Naisbitt hat 1982 den Begriff „Megatrend" geprägt.[5] Megatrends sind Entwicklungen, die sich in den nächsten 30 Jahren oder mehr ergeben und die sich massiv auf Gesellschaft, Wirtschaft und Umwelt auswirken - und das in der Regel weltweit. Megatrends verändern und durchdringen Wertesysteme, Zivilisationsformen, Technologie und Ökonomie und zeigen Auswirkungen in allen menschlichen Lebensbereichen. Anders als Trends, die nur einige Jahre wirken, haben Megatrends eine Wirkungsdauer von mehreren Jahrzehnten.

Zentrale Megatrends, die unsere Zukunft bestimmen, sind demografischer Wandel, Globalisierung, Digitalisierung, Klimawandel, neue Arbeitswelt und Gesundheit. Dazu ein erster kurzer Überblick, bevor in den nachfolgenden vierzehn Kapiteln wichtige Zukunftsfragen vertieft behandelt werden.

Demografischer Wandel

Geburtenrate, Mortalität und Migration bestimmen den demografischen Wandel. Global gesehen verläuft die demografische Entwicklung zwischen

---

[5] John Naisbitt: Megatrends: Ten New Directions Transforming Our Lives, New York 1982

den Kontinenten sehr unterschiedlich. Weltweit rechnen die Vereinten Nationen[6] bis 2050 mit einer Bevölkerungszunahme von derzeit rund 7,7 Milliarden Menschen auf etwa 9,7 Milliarden Menschen. Dabei verschieben sich geografisch die Bevölkerungsanteile massiv.

Während in asiatischen und afrikanischen Ländern die Bevölkerung stark wächst, zeichnet sich in Europa der gegenläufige Trend ab. Lag in Europa der Gesamtanteil an der weltweiten Bevölkerung im Jahr 1950 noch bei fast 22 % und im Jahr 2015 bei 10 %, ist für das Jahr 2050 nur noch ein Anteil von 7,3 % zu erwarten.[7]

In Deutschland leben zurzeit 83 Millionen Menschen. Je nach angenommener Geburtenhäufigkeit, Lebenserwartung und Nettozuwanderung wird die Bevölkerungszahl noch mindestens bis 2024 zunehmen, spätestens aber ab 2040 zurückgehen. Im Jahr 2060 wird sie voraussichtlich zwischen 74 und 83 Millionen liegen.[8]

Die Bevölkerung im erwerbstätigen Alter (20 - 66 Jahre) sinkt von derzeit rund 52 Millionen bis 2035 auf 45,8 bis 47,4 Millionen. Bis zum Jahr 2060 wird sie auf 40 bis 46 Millionen zurückgehen.

---

[6] Vgl. Deutsche Stiftung Weltbevölkerung: Neue UN-Projektionen: Weltbevölkerung wächst bis 2050 auf 9,7 Milliarden Menschen, unter: https://www.dsw.org/neue-un-projektionen-2019/ [Stand: 12.2.2020]

[7] https://www.bpb.de/nachschlagen/zahlen-und-fakten/globalisierung/52702/bevoelkerung-nach-regionen [Stand: 12.2.2020]

[8] Vgl. dazu und im Folgenden: Statistisches Bundesamt: Bevölkerung im Wandel. Annahmen und Ergebnisse der 14. Koordinierten Bevölkerungsvorausberechnung, Wiesbaden 27. Juni 2019, S. 17 ff.

Während der Bevölkerungsanteil im Erwerbsalter sinkt, steigt der Anteil der Senioren deutlich an. Die Zahl der Menschen im Alter ab 67 Jahren stieg bereits zwischen 1990 und 2018 um 54 % von 10,4 Millionen auf 15,9 Millionen. Sie wird bis 2039 um weitere 5 bis 6 Millionen auf mindestens 21 Millionen wachsen und anschließend bis 2060 relativ stabil bleiben.

Die Zahl der Menschen im Alter ab 80 Jahren wird von 5,4 Millionen im Jahr 2018 bereits bis 2022 auf 6,2 Millionen steigen und dann bis Anfang der 2030er Jahre auf diesem Niveau bleiben. In den sich anschließenden 20 Jahren wird sie aber kontinuierlich zunehmen und im Jahr 2050 je nach angenommener Entwicklung der Lebenserwartung auf 8,9 bis 10,5 Millionen wachsen.

Während vor 100 Jahren die Lebenserwartung von Männern bei nur 46 Jahren lag (aktuell: 78 Jahre) und bei Frauen bei 52 Jahren (aktuell: 83 Jahre), steigt sie - auch wenn inzwischen ein Trend zu einem langsameren Anstieg der Lebenserwartung zu beobachten ist - bis 2060 auf 82-86 Jahre bei Männern und auf 86 - 90 Jahre bei Frauen an.[9] Diese Annahmen des Statistischen Bundesamtes gehen davon aus, dass verbesserte Lebensumstände, rückläufige Raucherquoten und geringerer Alkoholkonsum sowie weitere

---

[9] Vgl. auch: https://www.destatis.de/DE/Themen/Gesellschaft-Umwelt/Bevoelkerung/Sterbefaelle-Lebenserwartung/_inhalt.html#sprg229094 [Stand: 12.2.2020]
Sowie: Statistisches Bundesamt: Bevölkerung im Wandel. Annahmen und Ergebnisse der 14. Koordinierten Bevölkerungsvorausberechnung, Wiesbaden 27. Juni 2019, S. 37 ff.

Verbesserungen in der medizinischen Versorgung auch künftig den weiteren Anstieg der Lebenserwartung positiv beeinflussen werden.

Globalisierung

Globalisierung ist kein neuer Prozess, hat aber in den letzten Jahrzehnten deutlich an Dynamik gewonnen.[10] Die Kosten für den Transport von Informationen, Menschen, Gütern und Kapital über den gesamten Erdball hinweg sind drastisch gesunken. Globale Kommunikationsmöglichkeiten können immer billiger und schneller genutzt werden.

Internationale Verflechtungen nehmen aber nicht nur in den Bereichen Wirtschaft und Kommunikation zu, sondern auch in den Bereichen Politik, Kultur und Umwelt, und zwar zwischen Individuen, Gesellschaften, Institutionen und Staaten.

Die Zahl der Menschen, die mindestens zwei Sprachen sprechen, hat sich durch die Globalisierung deutlich erhöht. Englisch wird immer häufiger als Weltsprache für Handel, Politik, Kultur und Fernverkehr genutzt. In 57 Staaten ist Englisch Amts- und/oder Landessprache und in mindestens 25 weiteren Staaten Bildungs-, Geschäfts- und/oder Verkehrssprache.[11]

Digitalisierung und Internet haben dem Globalisierungsprozess nochmals zu deutlich mehr Schwung verholfen. Während das Internet 1990 noch

---

[10] Zum Thema Globalisierung vgl. zum Beispiel: Bundeszentrale für politische Bildung: Globalisierung. Zahlen und Fakten, unter: https://www.bpb.de/nachschlagen/zahlen-und-fakten/globalisierung/ [Stand: 12.2.2020]
[11] https://www.bpb.de/nachschlagen/zahlen-und-fakten/globalisierung/52515/weltsprache [Stand: 12.2.2020]

keine bedeutende Rolle spielte, nutzen gegenwärtig bereits 3,9 Milliarden Menschen weltweit das Internet. Bis 2021 soll sich die Zahl der Internetnutzer bereits auf über 4,14 Milliarden Menschen erhöhen.[12] In Deutschland sind bereits 63 Millionen Menschen Internetnutzer.[13]

Dank der Internationalisierung der Märkte und der Unternehmen partizipieren viele Entwicklungs- und Schwellenländer zunehmend am Welthandel, Wohlstand und wirtschaftlichen Wachstum. Die letzte Finanzkrise hat allerdings gezeigt, dass die Globalisierung die weltweite Wirtschaft tendenziell schwankungsanfälliger macht. Globale Finanzströme erfordern deshalb eine zunehmende Kontrolle.

Noch drastischer zeigen sich die Folgen der Globalisierung bei der Corona-Pandemie. Am 28. Januar 2020 bestätigte die Firma Webasto aus Stockdorf in Oberbayern den ersten Coronavirus-Fall in Deutschland.[14] Eine Chinesin hatte sich vier Tage in der Firma aufgehalten und einen deutschen Kollegen infiziert. Bereits im März 2020 stand das gesellschaftliche und wirtschaftliche Leben nicht nur in ganz Deutschland, sondern fast weltweit weitgehend still.

---

[12] https://de.statista.com/themen/42/internet/[Stand: 12.2.2020]
[13] https://de.statista.com/statistik/daten/studie/36146/umfrage/anzahl-der-internetnutzer-in-deutschland-seit-1997/ [Stand: 12.2.2020]
[14] Dietrich Mittler: Erster Coronavirus-Fall in Deutschland bestätigt, unter: https://www.sueddeutsche.de/bayern/coronavirus-deutschland-landsberg-starnberg-1.4774589 [Stand: 27.3.2020]; sowie: Carolin Fries: So ist die Stimmung in der Webasto-Zentrale, unter: https://www.sueddeutsche.de/muenchen/starnberg/bayern-coronavirus-webasto-starnberg-1.4774686 [Stand: 27.3.2020]

Weltweit wurden Grenzen geschlossen, Lieferketten unterbrochen und Handelsbeziehungen ausgesetzt. Vieles, was vorher unbeachtet blieb, wurde sichtbar, zum Beispiel dass wichtige Medikamente fast nur noch in China und Indien und nicht mehr in Europa produziert wurden. Nach der Corona-Pandemie werden Fragen zu beantworten sein, wie wir derartigen Entwicklungen der Globalisierung entgegensteuern müssen.

Die wirtschaftliche Dimension der Globalisierung ist aber nur ein Teil dieses Megatrends, der sich in immer mehr gesellschaftlichen Bereichen auswirkt: vom Bildungssystem und Konsum über die Massenmedien und Kultur bis in private Lebens- und Beziehungswelten.

Digitalisierung

Die Digitalisierung ist – basierend auf dem Internet als Querschnittstechnologie – so tiefgreifend für alle wirtschaftlichen und gesellschaftlichen Bereiche, dass sich weder private Nutzer noch Unternehmen dem entziehen können.[15] Das Internet der Dinge und die Industrie 4.0 läuten bereits in Verbindung mit der Künstlichen Intelligenz und den Möglichkeiten der Sensorik und Robotik die nächste große Entwicklungsstufe der Vernetzung ein. Maschinen, Transportmittel und viele langlebigen Konsumgüter werden zunehmend mit Mikroprozessoren und/oder Sensoren ausgestattet und werden somit Teil des Internets. Die moderne Informationstechnik ist dann nicht mehr auf Computer und Smartphones beschränkt, sondern wird auf Milliarden physischer Produktionsfaktoren und Konsumgüter ausgeweitet.

---

[15] Vgl. dazu das Kapitel „Digitalisierung und Industrie 4.0"

Europa hat geringe Chancen, im Verbrauchergeschäft mit Onlineplattformen zu US-amerikanischen und chinesischen Firmen aufzuholen. Große Player wie Google/Alphabet, Facebook & Co. oder Amazon drängen zunehmend auch in die realen Wirtschaftsbranchen ein und verändern hier die Spielregeln. Umso wichtiger ist es, dass sich die Europäer auf das Internet der Dinge mit seinen vernetzten Geräten konzentrieren.

Moderne Kommunikationstechnologien mit dem Internet im Zentrum verleihen dem Megatrend Digitalisierung und Konnektivität eine enorme Kraft. Kein Megatrend kann mehr verändern, zerstören und neues schaffen. Kein Megatrend löst mehr Disruption aus. Digitalisierung und Konnektivität führen zu neuen Formen des Wirtschaftens, des Arbeitens und der Gemeinschaft.[16]

Die zunehmende Digitalisierung bringt viele Vorteile mit sich, aber auch viele Herausforderungen. Zu letzteren gehören zum Beispiel Hacker-Angriffe und digitale Kriminalität oder die Suchtgefährdung durch Computerspiele, Internet und Smartphone.

Die Digitalisierung wird den Alltag der Menschen zunehmend prägen und die Mensch-Maschine-Interaktionen verändern. Digitale Assistenten werden im Auto, in Smart-Homes, in der Kleidung oder in Kameras immer stärker eingesetzt. Digitalisierung eröffnet auch neue Chancen für die Personalisierte Medizin und für viele technologische Felder.

---

[16] Vgl. z.B. Tobias Kollmann, Holger Schmidt: Deutschland 4.0. Wie die Digitale Transformation gelingt, Wiesbaden 2016; oder: Marc Beise, Ulrich Schäfer: Deutschland digital, Frankfurt am Main 2016

Klimawandel

Der globale Klimawandel ist ein Faktum, das nicht mehr zu leugnen ist. Die Folgen zeigen sich in teils katastrophalen Hitze- und Dürreereignissen, im Schmelzen der Polkappen, in der Ausbreitung von Trockengebieten, im Auftauen des Permafrostbodens, in den Ozeanen oder in Veränderungen bei Flora und Fauna.[17]

Klimawandel und Umweltschutz sind keine Nischenthemen mehr. Klimaschutz ist nicht mehr nur Thema von Umweltaktivisten, sondern wird die Entwicklung der nächsten Jahrzehnte nachhaltig prägen. Klima und Energie sind Engpassfaktoren, die unsere gesellschaftliche und wirtschaftliche Entwicklung im Fortbestand gefährden könnten, wenn nicht entschlossen gegengesteuert wird.

Nicht nur die jüngere Generation drängt auf ein grundsätzliches Umdenken in Politik, Wirtschaft und Gesellschaft. Um eine gefährliche Störung des Klimasystems zu verhindern, ist es erforderlich, die globale Temperaturerhöhung langfristig deutlich unter zwei Grad Celsius oder sogar unter 1,5 Grad Celsius über dem vorindustriellen Niveau zu begrenzen. Dieses sogenannte Zwei-Grad-Ziel ist ein zentrales, international weitestgehend anerkanntes

---

[17] Vgl. z.B. Umweltbundesamt: Und sie erwärmt sich doch. Was steckt hinter der Debatte um den Klimawandel?, Dessau-Roßlau 2013, oder: Bundeszentrale für politische Bildung: Dossier Klimawandel, unter: https://www.bpb.de/gesellschaft/umwelt/klimawandel/ [Stand: 12.2.2020]

Ergebnis wissenschaftlicher Erkenntnisse, nach denen eine globale Erwärmung in dieser Höhe als noch beherrschbar gilt.[18]

Das Frankfurter Zukunftsinstitut spricht vom Megatrend „Neo-Ökologie": Biomärkte, EU-Plastikverordnung, Energiewende – der Megatrend Neo-Ökologie reicht in jeden Bereich unseres Alltags hinein.[19] Ob persönliche Kaufentscheidungen, gesellschaftliche Werte oder Unternehmensstrategie – selbst, wenn nicht immer auf den ersten Blick erkennbar, entwickelt er sich nicht zuletzt aufgrund technologischer Innovationen mehr und mehr zu einem der wirkmächtigsten Treiber unserer Zeit. Der Megatrend Klimawandel sorgt für eine Neuausrichtung der Werte der globalen Gesellschaft, der Kultur und der Politik und verändert unternehmerisches Denken und Handeln in seinen elementaren Grundfesten.

---

[18] Das Zwei-Grad-Ziel beschreibt das Ziel der internationalen Klimapolitik, die globale Erwärmung auf weniger als zwei Grad Celsius bis zum Jahr 2100 gegenüber dem Niveau vor Beginn der Industrialisierung zu begrenzen. Das Ziel ist eine politische Festsetzung, die auf Grundlage wissenschaftlicher Erkenntnisse über die wahrscheinlichen Folgen der globalen Erwärmung erfolgte. Vielfach wird vorgeschlagen, eher von einer „Zwei-Grad-Grenze" zu sprechen, die nicht überschritten werden dürfe. Zugleich steht das Zwei-Grad-Ziel in der Kritik, nicht ausreichend zu sein, da auch bereits bei zwei Grad Erderwärmung schwere Folgen für Mensch und Umwelt auftreten werden. Gefordert wird deshalb häufig, den Temperaturanstieg auf maximal 1,5 Grad zu begrenzen.
Der Wissenschaftliche Beirat der Bundesregierung Globale Umweltveränderungen hat bereits frühzeitig auf die Bedeutung des Zwei-Grad-Ziels hingewiesen. Vgl. Wissenschaftlicher Beirat der Bundesregierung Globale Umweltveränderungen: Klimawandel: Warum 2°C?; unter: https://www.wbgu.de/fileadmin/user_upload/wbgu/publikationen/factsheets/fs2_2009/wbgu_factsheet_2.pdf [Stand: 13.2.2020]
[19] Vgl. Lena Papasabbas: Neo-Ökologie: Der wichtigste Megatrend unserer Zeit, unter: https://www.zukunftsinstitut.de/artikel/der-wichtigste-megatrend-unserer-zeit/ [Stand: 12.2.2020]

„Neo" an der Ökologie ist, dass sie Nachhaltigkeit und Effizienz in allen Bereichen bedeutet: In der Finanzwirtschaft ebenso wie im Städtebau, in Mobilitätskonzepten oder im Konsum. Was in den vergangenen Jahrzehnten eher eine Beschäftigung für elitäre Minderheiten war, wird jetzt zum Mainstream.

Der Megatrend Klimawandel wird Märkte und Konsumverhalten deutlich verändern. Das Beispiel Automobilindustrie mit dem Umbau zur E-Mobilität zeigt, dass dieser Wandel zahlreiche Risiken insbesondere für Arbeitsplätze enthält. Andererseits wird die Industrie vom Wandel der Märkte auch profitieren, weil die Nachfrage nach erneuerbaren Energien und Umwelttechnologien steigen wird. Fazit: Klimawandel ist der wichtigste Megatrend, den wir beherrschen müssen, wenn wir nicht auf eine ökologische, ökonomische und gesellschaftliche Katastrophe zusteuern wollen. Angesichts des weltweit fortschreitenden Klimawandels und der bisher geringen internationalen Erfolge beim Gegensteuern hat die Staatengemeinschaft eine Herkulesaufgabe zu bewältigen.

Neue Arbeitswelt

Die Arbeitswelt wird künftig noch anspruchsvoller, das Tempo wird noch einmal erhöht.[20] Die Digitalisierung schreitet rasant voran. Viele heutige Routinearbeitsplätze werden künftig wegfallen. Beschäftigte müssen noch mehr wissen und können. Gefragt ist Problemlösungskompetenz. In der Industriearbeit und in anderen Bereichen werden Roboter und Menschen

---

[20] Vgl. dazu das Kapitel 3 „Arbeitswelt der Zukunft: Die Anforderungen steigen".

künftig sehr eng zusammenarbeiten. Viele Dienstleistungsberufe geben weniger gut ausgebildeten Menschen auch künftig Chancen. Auch entstehen völlig neue Berufe und Berufsbilder, besonders in den Sektoren Freizeit, Erholung und Gesundheit oder in technologischen Feldern. Wichtig für die Zukunft am Standort Deutschland ist die Erhaltung der internationalen Wettbewerbsfähigkeit. Gefragt sind Innovationen, neue Produkte und Dienstleistungen und neue Märkte.

Unsere künftige Arbeitswelt wird – so der international angesehene Physiker Michio Kaku - in Verlierer und Gewinner aufgeteilt.[21] Verlierer werden diejenigen sein, die rein repetitive Aufgaben erledigen. In der Vergangenheit waren das bereits Fließbandarbeiter in der Automobilindustrie, künftig werden dies nach Auffassung von Michio Kaku vermehrt Makler, Buchhalter, Verkäufer oder Kassierer sein.

Zu den Gewinnern gehören Wissenschaftler oder Kreative, aber auch zum Beispiel Polizisten oder Installateure, die nichtrepetitive Aufgaben erfüllen, die auf absehbare Zeit nicht durch Computer oder Roboter ersetzt werden können. Generell gilt: Diejenigen Menschen haben gute Zukunftsaussichten, die den Wert ihrer Arbeit erhöhen und die kreativ sind.

Dazu zählen unter anderen Künstler, Schauspieler, Softwareschreiber, Journalisten, Führungspersönlichkeiten, Analytiker und Wissenschaftler, aber

---

[21] Vgl. Michio Kaku: Die Physik der Zukunft. Unser Leben in 100 Jahren, Hamburg 2013, S. 458 ff.

auch Menschen, die sich mit zwischenmenschlichen Beziehungen beschäftigen.[22]

Die künftige Arbeitswelt wird flexibler. Den einen lebenslangen Job wird es nicht mehr geben. Arbeiten in Projekten, für wechselnde Arbeitgeber oder in unternehmensübergreifenden Projekten gewinnen an Bedeutung.

Auch von zwei wichtigen Aspekten wird die Arbeitswelt von morgen geprägt sein: Die Arbeitswelt wird weiblicher und die älteren Beschäftigten werden stärker gebraucht.[23] Frauen sind immer besser qualifiziert und bauen ihre bisherige Benachteiligung gegenüber männlichen Kollegen Schritt für Schritt ab. Bei älteren Beschäftigten tritt in vielen Betrieben der Jugendwahn früherer Jahre wieder hinter eine realistische Beurteilung der Qualitäten und Kompetenzen der älteren Arbeitnehmer zurück.

Gesundheit

Dass unsere Gesundheit an erster Stelle steht, hat uns 2020 die Corona-Pandemie drastisch vor Augen geführt. Der Megatrend Gesundheit verknüpft psychische und physische Dimensionen immer enger.[24] Gesundheit und Zufriedenheit verschmelzen. Zur Gesundheit gehört auch eine gesunde Umwelt mit dem Prinzip der Nachhaltigkeit. Mehr Selbstverantwortung und ein bewussterer Umgang mit der eigenen Gesundheit rücken in den Vordergrund.

---

[22] Ebd.
[23] Vgl. z.B. Ulrich Reinhardt, Reinhold Popp: Schöne neue Arbeitswelt? Was kommt, was bleibt, was geht, Hamburg 2018, S. 112 ff.
[24] Vgl. dazu das Kapitel 10 „Medizin und Gesundheit machen Fortschritte".

Eine alternde Bevölkerung erzeugt einen Wertewandel hin zu mehr Gesundheitsvorsorge und einem aktiveren körperlichen Verhalten. Zufrieden, vital und gesund in einer gesunden Umwelt alt werden, gewinnt zunehmend an Bedeutung.

Der Gesundheitssektor wächst zu einem Kernsektor der künftigen Wirtschaft heran. Neue Märkte expandieren: vom neuen Fitness-Urlaub, über Feng-Shui-Architektur bis hin zum Health-Food. In Deutschland nutzt fast jeder zweite Smartphone-Nutzer Apps zum Thema Gesundheit und Fitness.[25] Diese Apps auf dem Smartphone und Fitnessarmbänder oder Fitnessuhren helfen, um Blutwerte, Herzfrequenzen, Körpergewicht und vieles mehr zu kontrollieren. Die präventive Selbstoptimierung der eigenen Gesundheit wird immer wichtiger.

Eine nachhaltig gesunde Umwelt ist auf eine neue Ressourcen- und Energieproduktivität angewiesen. Hier können zum Beispiel Nano- und Biotechnologie wichtige Beiträge leisten. Denn durch innovative Materialien und neue Prozesse können sie in vielen Bereichen für einen ressourcen- und energieschonenden Verbrauch und damit auch für eine gesündere Umwelt sorgen.

Große Bedeutung kommt künftig auch der Personalisierten Medizin zu.[26] Voraussetzung dafür sind weitere Erfolge bei der Aufschlüsselung des

---

[25] Vgl. https://www.aerzteblatt.de/nachrichten/75639/Fast-jeder-zweite-Deutsche-nutzt-Gesundheits-Apps [Stand: 13.2.2020]

[26] Vgl. z.B. Bundesministerium für Bildung und Forschung: Aktionsplan Individualisierte Medizin, Ein neuer Weg in Forschung und Gesundheitsversorgung, Berlin 2013

menschlichen Genoms. Nach einer hochspezifischen Diagnose können Patienten unter Vermeidung unerwünschter Nebenwirkungen künftig deutlich präziser entsprechend ihrer individuellen molekularen Signatur behandelt werden. Die bessere medizinische Versorgung kann zusammen mit verbesserten Lebensumständen, rückläufigen Raucherquoten und geringerem Alkoholkonsum zu einem erkennbaren Anstieg der Lebenserwartung führen.

3. Demografie: Wir leben länger

Die Französin Jeanne Calment starb 1997 im Alter von 122 Jahren und 164 Tagen. Als Kind hatte sie in der Provence noch den Maler Vincent van Gogh getroffen. Jeanne Calment ist der älteste Mensch, dessen Lebensalter zweifelsfrei gesichert ist.[27] Doch inzwischen werden die über 100-Jährigen immer zahlreicher – mit 105 Jahren spielte Johannes Heesters noch im Theaterstück „Jedermann" die Rolle von Gott. Im Jahr 2050 werden Menschen mit einem solch biblischen Alter nichts Besonderes mehr sein.

Die Lebenserwartung steigt weiter an

Die Lebenserwartung in Deutschland steigt weiter an: Sie beträgt nach aktuellen Angaben des Statistischen Bundesamtes für neugeborene Jungen 78 Jahre und 4 Monate, für neugeborene Mädchen 83 Jahre und 2 Monate.[28] Damit hat sich die Lebenserwartung Neugeborener allein in den letzten zehn Jahren bei Jungen um 2 Jahre und 3 Monate, bei Mädchen um 1 Jahr und 6 Monate erhöht.

Dieser Trend geht noch weiter: Das Statistische Bundesamt schätzt, dass – wenn keine Sonderentwicklungen und unvorhergesehene Ereignisse wie Kriege, Krisen oder Umweltkatastrophen eintreten – die Lebenserwartung

---

[27] Vgl. z.B. Ulrich Eberl: Zukunft 2050.Wie wir schon heute die Zukunft erfinden, Weinheim-Basel 2011, S. 209
[28] Vgl. Statistisches Bundesamt: Bevölkerung im Wandel. Annahmen und Ergebnisse der 14. Koordinierten Bevölkerungsvorausberechnung, Wiesbaden 27. Juni 2019, S. 36

von Jungen, die im Jahr 2060 geboren werden, auf bis zu 86,2 Jahre, die der Mädchen auf bis zu 89,6 Jahre ansteigen kann.[29]

Auch für ältere Menschen hat die Lebenserwartung weiter zugenommen. Nach den sogenannten „Sterbetafeln" beläuft sich zum Beispiel die noch verbleibende Lebenserwartung von 65-jährigen Männern auf mittlerweile 17 Jahre und 8 Monate. Für 65-jährige Frauen ergeben sich statistisch gesehen 21 weitere Lebensjahre.[30] In den letzten zehn Jahren ist in dieser Altersgruppe ein Anstieg bei den Männern um 1 Jahr und 5 Monate beziehungsweise 1 Jahr und 2 Monate bei den Frauen zu verzeichnen. Und dieser Trend setzt sich fort, auch wenn nicht jeder mit Johannes Heesters gleichzieht.

Trotz des langfristigen Anstiegs der Lebenserwartung nimmt Deutschland im internationalen Vergleich keine Spitzenstellung ein. So weisen in Europa etwa Italien, Norwegen, Schweden und Spanien sowie die Nachbarländer Belgien, Frankreich, Luxemburg, Schweiz und Österreich bei beiden Geschlechtern eine höhere Lebenserwartung bei Geburt auf. Besonders deutliche Beispiele: In der Schweiz haben Männer bei der Geburt eine um 3,3 Jahre höhere Lebenserwartung als in Deutschland, oder Frauen in Spanien eine um 3,1 Jahre höhere Lebenserwartung als Frauen in Deutschland.[31]

Nach einer vom Statistischen Bundesamt herangezogenen internationalen „Global Burden of Disease-Study" zeigen sich für Deutschland insbesondere

---

[29] Ebd. S. 39 f.
[30] Ebd. S. 36 f.
[31] Ebd. S. 38

vier gesundheitsrelevante Indikatoren, bei denen andere Länder gegenwärtig deutlich bessere Werte aufweisen: Anteil der Rauchenden, Alkoholkonsum, Sterblichkeit durch Suizid und Übergewicht bei Kindern.[32]

Älterer Bevölkerungsanteil wächst weiter

Die Alterung der Bevölkerung in Deutschland wird sich trotz hoher Nettozuwanderung und gestiegener Geburtenzahlen weiter verstärken. In den nächsten 20 Jahren sind durch den aktuellen Altersaufbau ein Rückgang der Bevölkerung im Erwerbsalter und ein Anstieg der Seniorenzahl vorgezeichnet. Dies ist das zentrale Ergebnis der 14. koordinierten Bevölkerungsvorausberechnung, die das Statistische Bundesamt (Destatis) im Juni 2019 in Berlin vorgestellt hat.[33]

Die aktuelle Vorausberechnung zeigt, dass sich diese Prozesse trotz einer relativ weit gefassten Spannweite der Annahmen zur künftigen Entwicklung der demografischen Einflussfaktoren wie Geburtenhäufigkeit, Lebenserwartung und Nettozuwanderung nicht aufhalten lassen. Im Einzelnen kommt die aktuelle Bevölkerungsvorausberechnung des Statistischen Bundesamts zu folgenden Ergebnissen:[34]

---

[32] Ebd. S. 38
[33] Vgl. im Folgenden Statistisches Bundesamt: Bevölkerung im Erwerbsalter sinkt bis 2035 voraussichtlich um 4 bis 6 Millionen, unter: https://www.destatis.de/DE/Presse/Pressemitteilungen/2019/06/PD19_242_12411.html;jsessionid=B7519E23941EDB3F5FC44ABDFB42B06B.internet732 [Stand: 14.2.2020]
[34] Ebd.

- **Rückgang der erwerbsfähigen Bevölkerung:** Im Jahr 2018 waren in Deutschland 51,8 Millionen Menschen im erwerbsfähigen Alter zwischen 20 und 66 Jahren. Bis zum Jahr 2035 wird die erwerbsfähige Bevölkerung um rund 4 bis 6 Millionen auf 45,8 bis 47,4 Millionen schrumpfen. Anschließend wird sie sich zunächst stabilisieren und danach bis zum Jahr 2060 je nach der Höhe der Nettozuwanderung auf 40 bis 46 Millionen sinken. Ohne Nettozuwanderung würde sich die Bevölkerung im Erwerbsalter bereits bis 2035 um rund 9 Millionen Menschen verringern.

- **Ältere Bevölkerungsgruppen werden weiterwachsen:** Die Zahl der Menschen im Alter ab 67 Jahren stieg bereits zwischen 1990 und 2018 um 54 % von 10,4 Millionen auf 15,9 Millionen. Sie wird bis 2039 um weitere 5 bis 6 Millionen auf mindestens 21 Millionen wachsen und anschließend bis 2060 relativ stabil bleiben.

  Die Zahl der Menschen im Alter ab 80 Jahren wird von 5,4 Millionen im Jahr 2018 bereits bis 2022 auf 6,2 Millionen steigen und dann bis Anfang der 2030er Jahre auf diesem Niveau bleiben. In den sich anschließenden 20 Jahren wird sie aber kontinuierlich zunehmen und im Jahr 2050 je nach angenommener Entwicklung der Lebenserwartung auf 8,9 bis 10,5 Millionen wachsen.

- **Bevölkerungswachstum bis mindestens 2024, Rückgang spätestens ab 2040:** Die Bevölkerungszahl insgesamt weist im Unterschied zur Bevölkerung im Erwerbs- und Seniorenalter eine größere Spannbreite möglicher Entwicklungen auf. Je nach angenommener Geburtenhäufigkeit, Lebenserwartung und Nettozuwanderung wird die Bevölkerungszahl von 83 Millionen im Jahr 2018 mindestens bis 2024 zunehmen und spätestens ab 2040 zurückgehen. Im Jahr 2060 wird sie voraussichtlich zwischen 74 und 83 Millionen liegen.

- **Regionale Unterschiede werden sich bis 2060 weiter verstärken:** Bei einer moderaten Entwicklung von Geburtenhäufigkeit, Lebenserwartung und Nettozuwanderung wird die Bevölkerungszahl bis 2060 in den westdeutschen Flächenländern um 4 % und in den ostdeutschen Flächenländern um 18 % abnehmen. In den Stadtstaaten wird sie dagegen um 10 % wachsen. Die Bevölkerung im Erwerbsalter zwischen 20 und 66 wird – anders als die Bevölkerungszahl insgesamt – in allen Bundesländern abnehmen. Zwischen 2018 und 2060 wird unter den gleichen Voraussetzungen die Zahl der erwerbsfähigen Personen in den westdeutschen Flächenländern um 16 %, in den ostdeutschen Flächenländern um 30 % und in den Stadtstaaten um 4 % sinken.

Bei der demografischen Entwicklung verdient insbesondere die zunehmende Alterung der Bevölkerung in Deutschland besondere Beachtung. Die Anzahl der Menschen im Alter ab 67 Jahren wird weiter steigen, besonders in den nächsten 20 Jahren, wenn die geburtenstarken Jahrgänge der Babyboomer sukzessive in dieses Alter aufrücken. Während derzeit jede fünfte

Person dieser Altersgruppe angehört, wird es 2060 bereits jede dritte Person sein.

Dies führt zu einer ganzen Reihe heute zum Teil noch ungeklärter Fragen: Müssen wir künftig bis 68, 69, 70 Jahre oder gar noch länger arbeiten, um unsere Sozialsysteme in Balance zu halten und um den Jüngeren keine unzumutbaren Belastungen aufzubürden? Oder schaffen es deutliche gesamtwirtschaftliche Produktivitätsfortschritte, die bisherigen Renteneintrittszeiten zu halten? Wie viele Senioren- und Pflegeheime und wie viele Pflegekräfte brauchen wir künftig? Welche Beiträge können die älteren Menschen künftig für die Gesellschaft einbringen? Können die jungen Menschen mit ihrer Arbeit das Wirtschaftssystem bei den sich abzeichnenden demografischen Entwicklungen in Gang halten? Kann unser Land mit seiner hohen Altersstruktur dem internationalen Wettbewerb mit deutlich jüngeren Staaten standhalten?

Regionale Auswirkungen der Demografie

Auch auf regionaler Ebene treten die demografischen Verwerfungen immer deutlicher hervor. Was im Osten Deutschlands schon vor 25 Jahren deutlich wurde, ist mittlerweile zu einem bundesweiten Phänomen geworden: Vor allem junge Menschen zieht es verstärkt in die urbanen Zentren, während die peripher gelegenen ländlichen Gebiete – dort, wo nicht entschlossen gegengesteuert wird - kontinuierlich an Bedeutung verlieren und die Dörfer immer mehr den Älteren überlassen werden.

Nach Ansicht von Reiner Klingholz vom Berlin-Institut für Bevölkerung und Entwicklung haben die Landflucht und die Renaissance der Städte vor allem folgende fünf Gründe:[35]

- Erstens liegen die Kinderzahlen auf dem Land heute so niedrig wie in den Städten. Während früher die Dörfer ihren Überschuss an Menschen stets an die Städte abgaben und so das urbane Wachstum förderten, ohne selbst zu schrumpfen, verlieren sie heute junge Menschen auf der Suche nach einer Ausbildung oder einem Job, ohne die Lücken aus eigener Kraft füllen zu können.

- Zweitens entstehen neue Arbeitsplätze in modernen Wissensgesellschaften dort, wo sich eine kritische Masse an Unternehmen, Forschungseinrichtungen und klugen Köpfen findet – also in den Ballungsräumen und kaum auf dem Land.

- Drittens haben sich in den ländlichen Gebieten die infrastrukturellen Versorgungsbedingungen durch den Wegzug vieler Menschen bereits deutlich verschlechtert. Schulen und Geschäfte schließen, der Nahverkehr wird ausgedünnt, Arztpraxen machen dicht, und dieser Rückzug treibt weitere Personen in die Zentren.

- Viertens steigen die Bildungswerte bundesweit, also auch auf dem Land, was dazu führt, dass immer mehr junge Menschen nach ihrer Schulzeit eine Ausbildung an einer Hochschule in einer größeren Stadt aufnehmen.

---

[35] Vgl. Reiner Klingholz: Deutschlands demografische Herausforderungen. Wie sich unser Land langsam aber sicher wandelt, Discussion Paper Nr. 18, hrsg. vom Berlin-Institut für Bevölkerung und Entwicklung, Berlin 2016

- Fünftens haben sich viele Städte in den vergangenen Jahrzehnten einer Erneuerungskur unterzogen, zum Beispiel haben sie attraktiven Wohnraum geschaffen, alte Industriebrachen und Gleisanlagen rekultiviert oder die Betreuungsbedingungen für Kinder verbessert. Weil zudem immer mehr Paare Doppelverdiener sind und zunehmend weite Pendelfahrten zum Arbeitsplatz scheuen, sind Städte gerade für junge Familien wieder zu einem attraktiven Wohnstandort geworden.

Dörfer mit zunehmend älterer Bevölkerung, Städte mit dem Zuzug junger Menschen: Dieser Trend wirft die Frage auf, wie dem entgegenzuwirken ist. Es zeigt sich, dass der ländliche Raum nur dann nicht abgekoppelt wird, wenn der Staat und die regionalen Akteure mit einem ganzen Bündel von Maßnahmen gegensteuern. Zu diesen Maßnahmen gehören schnelle Internetverbindungen, gut ausgebaute Infrastruktur, regionale Außenstellen von Hochschulen und gute Bildungseinrichtungen, ausreichende medizinische Versorgung und genügend Einkaufsmöglichkeiten.

Trotz allem kann dieser Trend wohl nicht völlig gestoppt werden. Die Zukunftsfähigkeit von Räumen weist in Deutschland erhebliche Unterschiede auf. Dies zeigen zum Beispiel auf der einen Seite demografische Krisenregionen in Mecklenburg-Vorpommern, Sachsen-Anhalt, Brandenburg, aber auch altindustrielle Kreise im Ruhrgebiet, auf der anderen Seite stabile und wachsende Metropolräume wie Hamburg, Köln/Bonn, Frankfurt, Stuttgart, Berlin und München.

Verschiedene Lebensphasen

Unabhängig von diesen regionalen Aspekten gilt der allgemeine Trend: Der Anteil junger Menschen nimmt ab, der Anteil der älteren Bevölkerung wächst. Vor dem Hintergrund dieses allgemeinen Trends durchläuft der Einzelne verschiedene Lebensphasen, die sich bereits in den vergangenen Jahrzehnten verschoben haben und die sich noch weiter verschieben können.

Matthias Horx beschreibt in seinem Buch „Das Megatrend Prinzip. Wie die Welt von morgen entsteht" sechs Phasen des Lebens in unserer Langlebigkeitsgesellschaft:[36]

- Verkürzte Juvenilität: Die Pubertät beginnt früher, die Kindheit endet entsprechend schon mit zwölf Jahren (anstatt mit 14 oder 15, wie früher).
- Verlängerte Postadoleszenz oder „Odyssee-Jahre": Zwischen Pubertät und Festlegung auf einen Lebenspartner, Berufswahl, Familiengründung schiebt sich eine lange Experimentierphase, in der mit Jobs, Ausbildungen, Wohnorten, Partnerschaften, Beziehungen jongliert wird.
- Die „Rushhour": Um die 30 beginnt jener Lebensabschnitt, in dem sich der Konflikt zwischen Erwerbsarbeit, Liebe und Familie verstärkt – der Stress nimmt zu, Entscheidungen stehen an, die gerne hinausgezögert werden.

---

[36] Matthias Horx: Das Megatrend-Prinzip. Wie die Welt von morgen entsteht, München 2014, S. 141 f.

- „Selfness-Phase": Während sich in der alten Industriegesellschaft in der Phase zwischen 40 und 50 eher die tradierten Statusrollen verfestigten, beginnt nun ein verstärkter Individualisierungs- und Selbstfindungsprozess.
- „Zweiter Aufbruch": In einem Alter zwischen 50 und 65 werden die verpassten Chancen bilanziert und etwa durch neue Berufsherausforderungen oder Partnerschaften kompensiert. In diesem Abschnitt kommt es auch zur Übernahme gesellschaftlicher Verantwortung in Form von Ehrenämtern, Engagements in der Politik oder Wirtschaft: Sinnfindung jenseits der traditionellen Erwerbsarbeit.
- Weisheitsphase: Zwischen 70 und 80 Jahren kommt es zur Entscheidung zwischen einer weiteren mentalen Entwicklung oder zu einer frühzeitigen Alterung. Auch mit Einschränkungen und Gebrechen, selbst mit schlechten Gewohnheiten lässt sich durchaus im hohen Alter noch Staat machen – der Vielraucher Helmut Schmidt saß im Rollstuhl und war eine hochgeschätzte geistige Autorität.

Soweit die sechs Lebensphasen im Rahmen der neuen Alterns nach Matthias Horx. Einiges davon werden wir bei uns, im Kreis unserer Familie und Freunden oder bei Bekannten wiedererkennen. Einiges davon wird aber individuell auch ganz anders verlaufen.

65plus Generation ist innovationsfreudig

Der Trend zum neuen Altern zeigt sich besonders bei den älteren Menschen. Der Zukunftsforscher Horst W. Opaschowski betont, dass das frühere Defizitbild vom Alter längst überholt ist.[37]

Opaschowski unterstreicht, dass die 65plus-Generation mehr Erfahrung, Gelassenheit und Unabhängigkeit auszeichnet. Sie weiß, was sie will, fühlt sich weniger unter Druck und leidet auch weniger unter Stressbelastungen. In Bezug auf Vitalität und Mobilität ist sie auch objektiv jünger als frühere altersgleiche Generationen.

Eine Altersstudie von Generali, die auf einer Befragung von mehr als 4100 Bundesbürgern im Alter zwischen 65 und 85 Jahren durch das Institut für Demoskopie Allensbach beruht[38], weist darauf hin, dass die Vitalität der Älteren in den letzten Jahren deutlich zugenommen hat: Eine große Mehrheit fühlt sich jünger, als es ihrem tatsächlichen Alter entspricht. Physisch und mental sind die Älteren mit ihren Lebensumständen sehr zufrieden. Eine optimistische Grundhaltung dominiert ihr Leben:

- Die Gruppe der 65- bis 85-Jährigen fühlt sich um 7,5 Jahre jünger als sie wirklich sind.
- Insgesamt zeichnet die ältere Generation ein positives Lebensgefühl aus: optimistisch, aktiv und motiviert.

---

[37] Vgl. Horst W. Opaschowski: Deutschland 2030. Wie wir in Zukunft leben, Gütersloh 2013, S. 522 ff.
[38] Vgl. Generali (Hrsg.): Generali Altersstudie 2017, Frankfurt am Main 2017, sowie die vorhergehende Generali-Altersstudie 2013

Selbst Innovationsfähigkeit und Offenheit für Neues, die eigentlich spezifische Merkmale für Jugend und Jugendlichkeit sind, sind bei der 65plus-Generation stark ausgeprägt. Die 65-Jährigen – so die Generali-Altersstudie – sind heute so innovationsfreudig wie die 55-Jährigen vor dreißig Jahren.

Wenn dieser Trend anhält: Das neue Altern gibt den Jüngeren durchaus Anlass zum Optimismus. Was aber erwartet die künftige Arbeitswelt von ihnen?

4. Arbeitswelt der Zukunft: Die Anforderungen steigen

Wie sieht unsere Arbeitswelt in zehn, zwanzig oder in dreißig Jahren aus? Welche Anforderungen werden an uns gestellt? Wie sicher sind künftig unsere Arbeitsplätze?

Viele Fragen, viele Spekulationen, viele Ängste drängen sich auf. Nicht nur Arbeitsmarktforscher wissen, dass die Arbeit ständigen Veränderungen unterliegt. Viele von uns haben selbst erlebt, wie der Einsatz von Computern in den letzten zehn und zwanzig Jahren die Arbeit zum Teil drastisch verändert hat. Mit der Digitalisierung und der sogenannten Industrie 4.0, der Vernetzung der Produktion, stehen schon die nächsten Veränderungen an.[39]

Geht uns die Arbeit in Zukunft aus?

Einen Blick in die Zukunft wirft das Institut für Arbeitsmarkt- und Berufsforschung (IAB), die Forschungseinrichtung der Bundesagentur für Arbeit. Dessen langjähriger Direktor, Prof. Joachim Möller, ist optimistisch, dass uns die Arbeit in Zukunft nicht ausgeht.[40] Zwar werden auch künftig Arbeitsplätze im Zuge der fortschreitenden Rationalisierung, vor allem in der Produktion, wegfallen. Trotzdem werden nach Auffassung Möllers durch neu

---

[39] Zur Frage der künftigen Arbeitswelt siehe unter anderem: Ulrich Reinhardt; Reinhold Popp: Schöne neue Arbeitswelt? Was kommt, was bleibt, was geht, Hamburg 2018; Horst, W. Opaschowski: Deutschland 2030. Wie wir in Zukunft leben, Gütersloh 2013, S. 132 ff.; oder: Thies Claussen: Zukunft beginnt heute. Gedanken zur Entwicklung von Wirtschaft, Gesellschaft und Technik, Hamburg 2018, S. 21 ff.
[40] Vgl. https://www.wiwo.de/erfolg/beruf/arbeit-der-zukunft-wie-sich-die-arbeitswelt-2035-von-heute-unterscheidet/11700318.html [Stand: 28.1.2020]

entstehende Bedürfnisse eher mehr neue Arbeitsplätze geschaffen werden als durch Rationalisierung wegfallen.

Das Institut für Arbeitsmarkt- und Berufsforschung geht von folgenden Entwicklungen unserer Arbeitswelt aus:[41]

- Beschäftigte müssen künftig mehr wissen und können. Viele der heute noch üblichen Routinearbeiten werden wegfallen. Die neuen Arbeitsplätze werden anspruchsvoller und erfordern deshalb eine bessere Ausbildung. Gefragt ist künftig vor allem Problemlösungskompetenz.
- Stark verändern wird sich die Industriearbeit. Der Mensch wird dabei keineswegs vom Roboter verdrängt, sondern wird mit ihm künftig eng zusammenarbeiten. Hochintelligente Produktionsautomaten werden nicht nur schmutzige und belastende Arbeiten übernehmen, sondern ganz wesentlich dazu beitragen, Produktionsfortschritte zu ermöglichen.
- Vor allem im Versand, aber auch in anderen Dienstleistungsbranchen wird es auch künftig Chancen für weniger gut ausgebildete Menschen geben.
- Zwar hält die Bundesregierung in ihrem „Grünbuch Arbeiten 4.0" eine Arbeitslosenquote von rund drei Prozent im Jahr 2030 für realistisch. Die IAB-Arbeitsmarktforscher sind allerdings vorsichtiger.

---

[41] Ebd. S. 10 ff.

Um dieses Fernziel erreichen zu können, seien weitere Anstrengungen in der Bildung und für den Arbeitsmarkt wichtig.

- Die Arbeit wird flexibler: Arbeit am Wochenende, am späten Abend oder in der Nacht wird künftig verbreiteter sein als heute. Die stärkere weltweite Vernetzung der Firmen und eine Produktion, die rasch auf kurzfristige Nachfrage reagieren muss, werden die Betriebe stärker unter Druck setzen.
- Die besten Jobchancen haben künftig Techniker. Qualifizierte Mitarbeiter in technischen Berufen werden nach einer IAB-Modellrechnung im Jahr 2030 bundesweit fehlen. Manche Kaufleute, Juristen und Wirtschaftswissenschaftler werden dagegen im Jahr 2030 Probleme bei der Jobsuche haben.
- Fachkräfte werden auch künftig gesucht sein. Unternehmen müssen ihnen daher nicht nur attraktive Arbeitsbedingungen bieten, sondern sich auch auf individuelle Arbeitszeitwünsche einstellen. Familienzeit, Sabbatjahr, Zeit für Fortbildung werden nach Einschätzung der Arbeitsmarktforscher in Unternehmen selbstverständlich sein müssen, wenn sie im Wettbewerb um die Köpfe nicht das Nachsehen haben wollen.

Krise der Erwerbsgesellschaft?

Viele Skeptiker sprechen bei der Debatte über die Arbeit der Zukunft immer wieder vom „Ende der Arbeit": Globalisierung, Digitalisierung, „Industrie

4.0" und „Künstliche Intelligenz" würden massenweise Arbeit vernichten und zu einer gewaltigen Krise der Erwerbsgesellschaft führen. [42]

Die Verlagerung der Wertschöpfung aus Fabriken in den raumlosen Orbit virtueller Netzwerke und der Ersatz menschlicher Arbeit durch selbstregulierte, mit künstlicher Intelligenz ausgestattete Automaten würden den Strukturwandel unserer Arbeitswelt weiter beschleunigen. Wer mithalten kann, würde profitieren, die anderen würden zurückbleiben.

Ohne Risiken ist der durch die Digitalisierung beschleunigte Strukturwandel unserer Arbeitswelt sicher nicht. Deswegen ist aktuell auch wieder eine Debatte um das bedingungslose Grundeinkommen entstanden. Dafür sprechen sich Joe Kaeser von Siemens, Timotheus Höttges von der Deutschen Telekom, Götz Werner von der Drogeriekette dm oder der Tesla-Chef Elon Musk aus. Dadurch sollten künftig soziale Spannungen vermieden werden, da sonst – wie sich Joe Kaeser in der Presse geäußert hat[43] – absehbar „einige auf der Strecke bleiben, weil sie mit der Geschwindigkeit auf der Welt einfach nicht mehr mitkommen".

---

[42] Die Debatte wurde insbesondere durch eine Studie von Frey/Osborne aus dem Jahr 2013 zu den Automatisierungsrisiken für Beschäftigte durch die Digitalisierung ausgelöst. Danach sei fast jeder zweite Arbeitsplatz durch die Digitalisierung bedroht. Vgl. Carl Benedikt Frey,; Michael, A. Osborne: The future of employment: how susceptible are jobs to computerisation?, Oxford 2013
[43] Vgl. Max Hägler,: Siemens-Chef plädiert für ein Grundeinkommen, in: Süddeutsche Zeitung vom 20.11.2016; https://www.sueddeutsche.de/wirtschaft/sz-wirtschaftsgipfel-siemens-chef-plaediert-fuer-ein-grundeinkommen-1.3257958   [Stand: 28.1.2020]

Neue Jobs in neuen Berufen

Aber: Jeder Technologieschub erzeugte bisher - und dies ist auch künftig anzunehmen - eine gesteigerte Nachfrage und ganz neue Bedürfnisse. Diese Auffassung vertreten wie bereits erwähnt das Institut für Arbeitsmarkt- und Berufsforschung der Bundesagentur für Arbeit und eine Reihe weiterer Experten. Selbst automatisierte Fabriken erzeugen Bedarf nicht nur nach hohem Service und technischer Expertise, sondern auch nach einfacherem Service im Bereich Wartung und Betreuung. Auch der Dienstleistungssektor bietet noch zahlreiche, zum Teil neue Möglichkeiten.

Matthias Horx vom Zukunftsinstitut geht davon aus, dass freigesetzte Beschäftigte neue Jobs in Berufen finden, von denen man gestern noch nichts ahnte.[44] Ein Beispiel von Horx: Künftig würden uns „Humanagenten" dabei helfen, unser Leben zu bewältigen: In Zukunft leisten wir uns einen persönlichen Gesundheitscoach, einen Wohlstandsguide, einen Bildungsberater, einen Mobilitätsagenten oder einen Wissensnavigator.

Allein damit lassen sich die strukturellen Probleme der künftigen Arbeitswelt jedoch nicht lösen. Ganz entscheidend wird es vielmehr auf die Erhaltung der internationalen Wettbewerbsfähigkeit der deutschen Wirtschaft, auf Innovationen, neue Produkte und Dienstleistungen und auf die Erschließung neuer Märkte ankommen. Für die Zukunft der Arbeit ist es besonders

---

[44] Matthias Horx,: Fünf Thesen zur Zukunft der Arbeit, unter: https://www.zukunftsinstitut.de/artikel/fuenf-thesen-zur-zukunft-der-arbeit/ [Stand: 27.1.2020]

wichtig, die Chancen neuer Wachstumsmärkte konsequent zu nutzen. Zu den Wachstumsmärkten gehören insbesondere.[45]

- Wachstumsmarkt Materialtechnologien: innovative Verbundwerkstoffe, Nanotechnologie, generell: ressourcenschonende Produkte,
- Wachstumsmarkt Informations- und Kommunikationstechnologien: Digitalisierung,
- Wachstumsmarkt Mobilität: Produkte und Prozesse im gesamten Spektrum von Personen- und Güterverkehr,
- Wachstumsmarkt Energie: gesamtes Spektrum der Energiegewinnung und Energieeffizienz,
- Wachstumsmarkt Bildung: z.B. lebenslanges Lernen, mediales Lernen,
- Wachstumsmarkt Freizeit und Tourismus, Erlebniskonsum, Kultur und Medien,
- Wachstumsmarkt Gesundheit und Krankheit: Wellness-/Kuranlagen, Pflege, Diagnostik.

Studie „2050: Die Zukunft der Arbeit"

Die Bertelsmann-Stiftung hat in einer im März 2016 vorgelegten Studie „2050: Die Zukunft der Arbeit"[46] eine Befragung von 298 internationalen

---

[45] Vgl. hierzu Ulrich Reinhardt; Reinhold Popp: Zukunft! Deutschland im Wandel – Der Mensch im Mittelpunkt, Wien/Zürich 2015, S. 120 f.
[46] Bertelsmann-Stiftung: 2050: Die Zukunft der Arbeit. Ergebnisse einer internationalen Delphi-Studie des Millennium Project, Gütersloh 2016

Experten und darauf aufbauend eine Auswertung von über 1000 Kommentaren vorgenommen. Dabei stehen zwei zentrale Fragen im Vordergrund: Welche Zukunft wollen wir? Und wie können wir entsprechend handeln?

Das Ziel ist nicht die sicher eintreffende Prognose, sondern es gilt, neue Optionen für das heutige Handeln zu identifizieren. Die Bertelsmann-Studie kommt zu folgenden zentralen Aussagen:[47]

- Wir wissen nicht genau, was kommt, aber wir können es gestalten. Die Unsicherheit über den Verlauf der zukünftigen Entwicklung ist hoch - weil er von politischen Rahmensetzungen und der Zusammenarbeit der Akteure abhängt. Damit gilt aber auch: Wir können den Verlauf der Entwicklung gestalten.
- Die globale Arbeitslosigkeit könnte auf 24 Prozent (oder mehr) im Jahr 2050 ansteigen. Tun wir nichts oder nichts Grundlegendes zur Anpassung an die neuen Arbeitsrealitäten, dann wird sich dabei auch die soziale Schere weiter öffnen.
- Immer mehr Aufgaben können von Maschinen erledigt werden. An diesem technologischen Wandel geht kein Weg vorbei: Robotik, künstliche Intelligenz und Technologie-Konvergenz treiben die Entwicklung voran. Der zentrale (und als sicher betrachtete) Treiber des Wandels ist der rasche, anhaltende technologische Fortschritt unter dem Vorzeichen der Digitalisierung, der nahezu alle Berufsgruppen erfasst und dessen Tempo wahrscheinlich noch zunimmt.

---

[47] Ebd. S. 9 ff.

- Auszugehen ist zunächst für die nächsten ein bis zwei Jahrzehnte davon, dass sich der bisherige Wandel der Arbeit fortsetzt, indem immer mehr Berufsgruppen und Tätigkeiten durch Automation ersetzt werden. Dann steht der Übergang in ein gänzlich neues System des Arbeitens und Wirtschaftens an, in dem auch die Sozialsysteme entsprechend anders aussehen müssen, und in dem vielleicht das Prinzip der Lohnarbeit gänzlich überholt ist.

- Arbeit ist schon heute mobil und multilokal, morgen ist sie virtuell und findet in einem kollektiven virtuellen Raum („Metaversum") statt. Arbeitgeber hinken der Entwicklung hinterher. Wahrscheinlich beschleunigt sich das Tempo der Veränderung weiter, aber schon bisher können Arbeitgeber und Arbeitsbestimmungen nicht mit dem Wandel mithalten.

- In den Sektoren Freizeit, Erholung und Gesundheit, in technologischen Feldern und mit neuen Berufsbildern entsteht neue Arbeit. Es bilden sich Arbeitsbereiche und Berufe heraus, die geprägt sind von ureigenen menschlichen Fähigkeiten wie Empathie oder Kreativität.

- Weiterbildung und Bildung halten nicht mit dem raschen technologischen Wandel Schritt, während Einzelne längst die neuen Formen des Lernens und Arbeitens vorleben. Das überforderte Bildungssystem muss sich künftig deutlich reformieren.

- Globale Megatrends lassen nationale Lösungen ins Leere laufen. Rein nationale oder regionale Ansätze und Perspektiven greifen zu kurz, weil zum Beispiel Wissensarbeit bald nahezu gänzlich ortsungebunden ausgeübt werden kann.

Vor dem Hintergrund dieser Untersuchung stellt sich für uns die Frage: Werden unsere Arbeitsplätze künftig wegrationalisiert, gehören wir zu den Gewinnern oder zu den Verlierern? Zwar gibt es dazu keine eindeutigen Aussagen, gleichwohl zeichnen sich bestimmte Trends ab.

Gewinner und Verlierer

Der international angesehene Physiker Michio Kaku, der als Sohn japanischer Einwanderer in Palo Alto aufwuchs, beschäftigt sich in seinem Buch „Die Physik der Zukunft, Unser Leben in 100 Jahren"[48] damit, welche Berufe Mitte des Jahrhunderts Konjunktur haben werden.

Die Antwort dazu leitet Kaku aus einer einfachen Frage ab: Welche Grenzen haben Roboter?[49] Die Künstliche Intelligenz steht vor mindestens zwei großen Problemen: Mustererkennung und gesunder Menschenverstand. Daher sind die Jobs, die in Zukunft überleben werden, hauptsächlich diejenigen, die Roboter nicht ausführen können – Jobs, die diese beiden Fähigkeiten verlangen.

Unter den Arbeitern werden die Verlierer diejenigen sein, die rein repetitive Aufgaben erledigen (beispielsweise Fließbandarbeiter), weil Roboter ihnen dabei überlegen sind. Darum gehörten bereits in der Vergangenheit Fließbandarbeiter in der Automobilindustrie zu den ersten, die unter der

---

[48] Michio Kaku: Die Physik der Zukunft. Unser Leben in 100 Jahren, Hamburg 2013
[49] Vgl. im Folgenden ebd. S. 458 ff.

Computerrevolution zu leiden hatten. Das heißt, dass sämtliche Fabrikarbeit, die sich auf eine Reihe festgelegter, sich wiederholender Bewegungen reduzieren lässt, auch mit der Zeit verschwinden wird.

Überraschenderweise – so Kaku – gibt es eine große Gruppe von Arbeitern und Angestellten, die die Computerrevolution überleben und sogar aufblühen werden. Die Gewinner werden diejenigen sein, die nichtrepetitive Aufgaben erfüllen, welche Mustererkennung erfordern. Polizisten, Bauarbeiter, Gärtner oder Installateure – sie alle werden auch künftig einen Job haben.

Bauarbeiter benötigen für jede Aufgabe andere Werkzeuge, Blaupausen und Anweisungen. Keine zwei Baustellen oder zwei Aufgaben sind identisch. Polizisten müssen eine Vielzahl von Verbrechen in unterschiedlichen Situationen analysieren. Darüber hinaus müssen sie die Motive und Methoden der Gesetzesbrecher verstehen, was weit über die Fähigkeit eines Computers hinausgeht. Ebenso sind jeder Garten und jeder Abfluss anders und erfordern unterschiedliche Werkzeuge und Fähigkeiten.

Unter den Angestellten werden diejenigen zu den Verlierern gehören, zu deren Aufgaben Inventuren und rein repetitive Tätigkeiten gehören. Auf niedriger Ebene tätige Agenten, Makler, Verkäufer, Kassierer, Buchhalter usw. werden zunehmend ihren Arbeitsplatz verlieren. Bereits heute umgehen viele den Verkäufer im Reisebüro, indem sie Flugtickets, Hotels und Leihautos über das Internet buchen.

Kaku gibt denjenigen Menschen im Mittelbau eine gute Zukunftsperspektive, die den Wert ihrer Arbeit erhöhen und die kreativ sind. Dazu rechnet er unter anderen Künstler, Schauspieler, Softwareschreiber, Führungspersönlichkeiten, Analytiker und Wissenschaftler, aber auch zum Beispiel Menschen, die sich mit zwischenmenschlichen Beziehungen beschäftigen.

Auch Führungsqualitäten werden in Zukunft eine wertvolle „Ware" sein. Teilweise besteht Führung darin, sämtliche verfügbaren Informationen, Sichtweisen und Optionen zu bewerten und dann die zielführende zu wählen. Führung ist deswegen so komplex, weil es darum geht, Mitarbeiterinnen und Mitarbeiter mit all ihren persönlichen Stärken und Schwächen zu erkennen, zu motivieren und zu leiten. All dies verlangt ein ausgeprägtes Gespür für die menschliche Natur und für Marktkräfte, was weit über die Fähigkeiten eines Computers hinausgeht.

All diese Entwicklungen in unserer Arbeitswelt sind zwar von weltweiten Trends abhängig. Das heißt aber nicht, dass national und regional keine Aktivitäten notwendig sind, um die künftigen Entwicklungen positiv zu beeinflussen. Deutschland ist heute eine der führenden Wirtschafts- und Exportnationen und zählt zu den innovativsten Ländern weltweit. Diese Position gilt es zu behaupten und zu sichern.

Innovationen für die Arbeit von morgen

Die Bundesregierung hat im Januar 2016 das Programm „Zukunft der Arbeit. Innovationen für die Arbeit von morgen" vorgelegt.[50] Damit will sich die Bundesregierung den Veränderungsprozessen stellen, die sich aus den

---

[50] Bundesministerium für Bildung und Forschung: Zukunft der Arbeit. Innovationen für die Arbeit von morgen, Bonn 2016.

drei großen Trends Globalisierung, demografische Entwicklung und Digitalisierung für die künftigen Produktions- und Dienstleistungen ergeben. Die Konzeption und Umsetzung dieses Förderprogramms erfolgt in enger Abstimmung zwischen dem Bundesministerium für Bildung und Forschung, dem Bundesministerium für Arbeit und Soziales und den Sozialpartnern.

Die Ergebnisse dieses Programms sollen Gestaltungsmöglichkeiten liefern, die für die Zukunft der Arbeit zum Standard werden können. Dabei kommt es darauf an, dass entsprechende Lösungen insbesondere auch mit und für den deutschen Mittelstand entwickelt und möglichst alle Chancen für Beschäftigte und Unternehmen in gleicher Weise genutzt werden. Kleine und Mittelständische Unternehmen (KMU) beschäftigen in Deutschland rund 16 Millionen Menschen, 4 Millionen stehen im Handwerk in einem festen Arbeitsverhältnis. Damit sind KMU und Handwerk neben den international agierenden Konzernen tragende Säulen der deutschen Wirtschaft.[51]

Die Umsetzung des Programms „Zukunft der Arbeit" soll neben den Grundsätzen der Wirtschaftlichkeit in gleichem Maße die Bedürfnisse der Menschen im Arbeitsprozess berücksichtigen. Die Bundesregierung will Innovationen in Betrieben fördern, um technischen Fortschritt auch für soziale Innovationen zu nutzen und dadurch neue Arbeitsprozesse und ein Miteinander der Sozialpartner voranzubringen.

Qualifizierung und Kompetenzentwicklung werden dabei als Schlüssel angesehen, um die wirtschaftlichen Potenziale der Digitalisierung zu heben

---

[51] Ebd. S. 11 und S. 16 ff.

und faire Zugangschancen für den Arbeitsmarkt der Zukunft zu eröffnen. Dabei sucht die Bundesregierung nach neuen Antworten auf die Frage, welche Kompetenzen Beschäftigte und Unternehmen benötigen, um den Strukturwandel zu nutzen, gute Arbeit zu leisten und damit wettbewerbsfähige Produkte und Dienstleistungen anbieten zu können.

Fördermaßnahmen des Programms „Zukunft der Arbeit" zielen auf verschiedene Projekte ab:[52]

- Projekte, die modellhaft aufzeigen, wie in der digitalen Arbeitswelt von morgen die Beschäftigung gesichert, die Arbeitsbedingungen verbessert und die Produktivität gesteigert werden können.
- Projekte, die neue Wertschöpfung mit neuer gut gestalteter Arbeit vereinbaren und dabei modellhaft aufzeigen, wo und wie neue Arbeit in Deutschland entsteht.
- Neue, auf den Menschen ausgerichtete Konzepte der Mensch-Maschine-Interaktion und deren pilothafte Realisierung.
- Projekte zur Gestaltung der „Unternehmen der Zukunft", zum Beispiel hinsichtlich der Flexibilisierung der Arbeit (unter anderem bessere Vereinbarkeit von Arbeit und Privatleben), angepasste Präventions- und Arbeitsgestaltungskonzepte zum Erhalt der Beschäftigungsfähigkeit oder neue Arbeits- und Beschäftigungsformen, die auch Fragen hinsichtlich Mitbestimmung und Beschäftigtendatenschutz aufwerfen können.

---

[52] Ebd. S. 19 ff.

Die Bundesregierung hat sich viel vorgenommen, um die Entwicklung der künftigen Arbeitswelt positiv zu beeinflussen. Aber täuschen wir uns nicht: Viele Entwicklungen müssen die Betriebe und die Beschäftigten selbst meistern, viele Entwicklungen unterliegen zudem globalen, nur schwer zu beeinflussenden Megatrends.

Arbeit verleiht Würde und Identität

Für die künftige Arbeitswelt gilt es, möglichst vielen Menschen ihren Arbeitsplatz zu erhalten, auch wenn er sich in den Anforderungen wandelt. Es gibt viele Gründe, warum Menschen jetzt und in Zukunft arbeiten. Für die meisten Menschen steht die Absicherung des Lebens für sich und ihre Angehörigen im Vordergrund. Arbeit verleiht Würde und Identität. Darüber hinaus ermöglicht sie Menschen Teilhabe, Aufstieg, Prestige und Erfolg. Viele Menschen arbeiten, um die eigenen Talente zu entfalten, sich selbst in der Arbeit zu verwirklichen oder um Kontakt, Anerkennung und Bestätigung in der Gemeinschaft zu finden. Ob aus Pflicht, Berufung oder Freude – Arbeit ist und bleibt auch künftig für jeden Einzelnen und die Gesellschaft insgesamt zentral.

Aber unzählige Fragen stellen sich zur künftigen Arbeitswelt, wie zum Beispiel: Ältere Arbeitnehmer werden mit ihrem Know-how für die Betriebe tendenziell zwar wichtiger, gilt das aber auch für alle älteren Arbeitnehmer? Wie lassen sich bei schweren körperlichen Arbeiten die künftigen Anforderungen bewältigen? Werden wir alle künftig noch länger und unter mehr

Stress arbeiten müssen oder ermöglichen uns neue Arbeitsformen eventuell auch eine entspanntere Arbeit und eine bessere Kombination zwischen Arbeit und Privatem?

Nur fünf Stunden Arbeit jeden Tag?

Werfen wir hierzu mit Kathrin Werner[53] einen Blick nach Kalifornien zu einem Modell, das für etliche wohl verlockend klingt, das aber auch künftig wohl eher noch eine Ausnahme darstellen wird: Stephan Aarstol ist der Gründer einer Firma für Steh-Paddelbretter in San Diego mit inzwischen elf Mitarbeitern. Aarstol arbeitet jeden Tag nur fünf Stunden und hat das auch für alle seine Mitarbeiter zur Vorgabe gemacht. Um acht Uhr morgens erscheinen alle Mitarbeiter im Büro in San Diego, um 13.00 Uhr sollen alle gehen. Gleichzeitig hat er angefangen, fünf Prozent der Gewinne unter seinen Mitarbeitern zu verteilen. Im Ergebnis verdienen einige seiner Mitarbeiter pro Stunde jetzt fast doppelt so viel wie vorher.

Aarstol: „Meine Mitarbeiter und ich haben angefangen, unser Leben mehr zu genießen, als wir es je für möglich gehalten hätten. Und gleichzeitig wurden wir unglaublich produktiv im Büro."

Ganz so großzügig, wie es klingt, war Aarstols Angebot jedoch nicht. Denn die kürzere Arbeitszeit war nicht mit geringerer Arbeitsbelastung verbunden, sie war nur eine Aufforderung, effizienter zu arbeiten. Richtige Arbeit macht nur zwei bis drei Stunden pro Tag aus, sagt der Gründer. Den Rest

---

[53] Kathrin Werner: Mehr Freizeit, gleiche Arbeit, in: Süddeutsche Zeitung vom 7.9.2016, S. 15

verschwenden vor allem Büromitarbeiter mit unnötigen E-Mails, Privatangelegenheiten, Internet-Surfen, Kaffeepausen und Tagträumen. Damit sollten seine Leute aufhören – und stattdessen früh nach Hause gehen oder über Seen und Meere paddeln.

Seit der Umstellung auf das neue Arbeitszeitmodell stiegen die Umsätze der Firma von Stephan Aarstol um 40 Prozent auf fast zehn Millionen Dollar.

Das Beispiel zeigt, dass ausgefallene Ideen kreativer Unternehmer unsere künftige Arbeitswelt weiterführen könnten. Auch zeigt es, dass die Wertschöpfung, die jeder Arbeitsplatz leistet, nicht in erster Linie von der Dauer der Anwesenheit des Einzelnen abhängt, sondern davon, wie intelligent und effizient der Einzelne seine anstehenden Aufgaben bewältigt und welche Möglichkeiten der Betrieb dafür bietet.

Die Arbeitswelt wird weiblicher

Auch von zwei wichtigen Aspekten wird die Arbeitswelt von morgen geprägt sein: Die Arbeitswelt wird weiblicher und die älteren Beschäftigten werden stärker gebraucht.[54]

Frauen bekommen zunehmend größere Berufschancen. Sie sind immer besser qualifiziert und bauen ihre bisherige Benachteiligung gegenüber männlichen Kollegen Schritt für Schritt ab. In der künftigen Arbeitswelt wer-

---

[54] Vgl. unter anderem: Bundesministerium für Bildung und Forschung: Zukunft der Arbeit. Innovationen für die Arbeit von morgen, Bonn 2016, S. 10; oder: Ulrich Reinhardt; Reinhold Popp: Schöne neue Arbeitswelt? Was kommt, was bleibt, was geht, Hamburg 2018, S. 112 ff.

den Frauen verstärkt präsent sein als Firmengründerinnen, in kreativen Berufen, aber auch in Technik-, IT- und Beratungsberufen. Als Führungskräfte setzen Frauen neben ihrer fachlichen Kompetenz vor allem auf ihre soziale Kompetenz und dringen damit – wenn auch langsam und oft mühsam – in die Vorstandsetagen vor.

Frauen legen besonderen Wert auf das Gleichgewicht von Berufs- und Privatleben. Familie und Freunde haben ebenso Bedeutung wie Arbeiten im Beruf.

Ältere Mitarbeiter werden verstärkt gebraucht

Ältere Beschäftigte werden von den Unternehmen künftig wieder verstärkt nachgefragt. Der Jugendwahn früherer Jahre tritt bei vielen Betrieben wieder hinter eine realistische Beurteilung der Qualitäten und Kompetenzen der älteren Arbeitnehmer zurück. Geschätzt wird dabei sowohl die umfangreiche Berufserfahrung als auch Lebenserfahrung.

Ältere Mitarbeiter verfügen über langjährige Kenntnisse und Erfahrungen, sie haben gelernt, Ziele beharrlich zu verfolgen, aus Fehlern zu lernen und sie lassen sich nicht so schnell durch zum Teil unnötige Hektik aus der Ruhe bringen.

Um die Qualitäten der älteren Mitarbeiter im notwendigen, schon allein demografisch bedingten Umfang nutzen zu können, müssen die Unternehmen künftig Arbeitsbedingungen gesünder und stressfreier gestalten und mehr Flexibilität durch flexible Arbeitszeiten und einen gleitenden Eintritt in den Ruhestand ermöglichen.

5. Klima und Energie: Engpassfaktoren

Klima und Energie: Ein äußerst komplexes Thema, zu dem Dutzende Bücher und noch mehr Studien und Abhandlungen geschrieben wurden.[55] Klima und Energie machen auch nicht an der Grenze zu Deutschland halt, sondern sind globale, weltweite Phänomene. Je nach Interessenstandpunkt, ob Industrie oder Umweltverband, Wissenschaft oder Politik gehen die Standpunkte und Aussagen zum Teil deutlich auseinander. Um dieses komplexe Thema in kurzer Form zu behandeln, können deshalb im Folgenden nur einige wenige Aspekte aufgegriffen werden.

Wie verläuft die Zukunft? Wir alle wissen zwar, dass Energie künftig knapp und teurer wird, dass wir auf Energieeinsparung und Energieeffizienz angewiesen sind und dass wir den Ausstoß von Treibhausgasen zwingend begrenzen müssen, um die globale Erderwärmung zu stoppen. Doch was heißt das konkret?

Erdöl, Kohle und Erdgas dominieren die weltweite Energieerzeugung

Zunächst zur Ausgangsbasis: Rund 81 Prozent der weltweiten Energieerzeugung entfallen heute auf die drei fossilen Energieträger Erdöl, Kohle und Erdgas. Sie stellen die Hauptquellen für Strom, Heizwärme und Kraftstoffe

---

[55] Vgl. z.B. Stefan Rahmstorf, Hans Joachim Schellnhuber: Der Klimawandel. Diagnose, Prognose, Therapie, 9. Aufl., München 2019; Peter Hennicke u.a.: Die Energiewende in Europa – Eine Fortschrittsvision, München 2019; Volker Quaschning: Erneuerbare Energien und Klimaschutz, 4. Aufl., München 2018

dar. Der Rest der benötigten Energie wird zu rund fünf Prozent durch Kernenergie und zu 12 Prozent durch erneuerbare Energien abgedeckt.[56] Zu den erneuerbaren Energien zählen Biomasse, Wasserkraft und schließlich Wind- und Solarenergie, deren Anteil zwar weltweit noch klein ist, aber stetig zunimmt.

In Deutschland sind die Weichen anders gestellt: Bis 2030 soll sich der Anteil der erneuerbaren Energien auf 30 Prozent erhöhen.[57] Bis 2022 ist der Ausstieg aus der Kernenergie und bis spätestens 2038 der Ausstieg aus der Kohle geplant.[58] In Deutschland verbraucht der Verkehrssektor und die Industrie jeweils rund 30 Prozent der Endenergie, die Haushalte 25 Prozent, sowie Gewerbe, Handel und Dienstleistungen 15 Prozent.[59]

Neuer Bericht an den Club of Rome

Wie ist die Ausgangslage? Jorgen Randers weist in seinem Bericht an den Club of Rome „Globale Prognose bis 2052"[60] darauf hin, dass wir uns zunächst bewusst machen müssen, dass die Kohlevorräte zwar grundsätzlich

---

[56] Vgl. https://de.statista.com/statistik/daten/studie/167998/umfrage/weltweiter-energiemix-nach-energietraeger/ [Stand: 6.3.2020]
[57] Vgl. Umweltbundesamt: Energieverbrauch nach Energieträgern und Sektoren, unter: https://www.umweltbundesamt.de/daten/energie/energieverbrauch-nach-energietraegern-sektoren [Stand: 6.3.2020]
[58] Vgl. https://www.bmwi.de/Redaktion/DE/Artikel/Wirtschaft/kohleausstieg-und-strukturwandel.html [Stand: 6.3.2020]
[59] Vgl. Umweltbundesamt, unter: https://www.umweltbundesamt.de/daten/energie/energieverbrauch-nach-energietraegern-sektoren [Stand: 6.3.2020]
[60] Vgl. im Folgenden: Jorgen Randers: Eine globale Prognose für die nächsten 40 Jahre. Der neue Bericht an den Club of Rome, München 2014; S. 129 ff.

ausreichen würden, um den Menschen einen Energieverbrauch auf heutigem Niveau noch mehrere 100 Jahre lang zu ermöglichen. Außerdem gibt es noch große Gasvorkommen (vor allem Schiefergas) und etwa die Hälfte aller Ölvorkommen ist noch im Boden. Insgesamt steht also genug Energie zur Verfügung, die die Welt weit über das Jahr 2052 hinaus brauchen wird.[61]

Doch die Kosten werden erheblich steigen. Die verbliebenen fossilen Rohstoffe sind schwerer zugänglich: Sie liegen in größeren Tiefen, kleineren Lagerstätten oder befinden sich auf dem Gebiet einer weniger kooperationsbereiten Nation. Dies alles treibt die Produktionskosten in die Höhe.[62]

Ganz entscheidend aber ist, dass die verbliebenen fossilen Energiequellen fünfmal mehr Kohlenstoff enthalten, als verbrannt werden kann, ohne dass sich das Erdklima um mehr als zwei Grad Celsius im Vergleich zur vorindustriellen Zeit erwärmt. Das heißt: Wenn die Menschheit auch weiterhin auf fossile Kohle, Öl und Gas in der herkömmlichen Mischung baut, werden sich die CO_2-Emissionen nach den globalen Prognosen bis 2050 um 50 Prozent erhöhen und die Klimaerwärmung wird um mehr als 2°C zunehmen.[63]

Um eine gefährliche Störung des Klimasystems zu verhindern, ist es erforderlich, die globale Temperaturerhöhung langfristig auf deutlich unter zwei Grad Celsius oder sogar unter 1,5 Grad Celsius über dem vorindustriellen Niveau zu begrenzen. Dieses sogenannte Zwei-Grad-Ziel ist ein zentrales,

---

[61] Ebd.
[62] Ebd.
[63] Ebd. S. 134

international weitestgehend anerkanntes Ergebnis wissenschaftlicher Erkenntnisse, nach denen eine globale Erwärmung in dieser Höhe als noch beherrschbar gilt.[64]

Deutliche Klimaänderungen zeichnen sich ab

Das Umweltbundesamt hat die zu erwartenden Klimaänderungen bis 2100 in unterschiedlichen Emissionsszenarien untersucht. Natürlich müssen dabei vielfältige und komplexe Wechselwirkungen berücksichtigt werden. Ganze Kontinente und Meeresbecken weisen deutliche Klimaänderungen auf. Die Modelle zeigen, dass sich diese Trends auch im 21. Jahrhundert fortsetzen:[65]

---

[64] Das Zwei-Grad-Ziel beschreibt das Ziel der internationalen Klimapolitik, die globale Erwärmung auf weniger als zwei Grad Celsius bis zum Jahr 2100 gegenüber dem Niveau vor Beginn der Industrialisierung zu begrenzen. Das Ziel ist eine politische Festsetzung, die auf Grundlage wissenschaftlicher Erkenntnisse über die wahr-scheinlichen Folgen der globalen Erwärmung erfolgte. Vielfach wird vorgeschlagen, eher von einer „Zwei-Grad-Grenze" zu sprechen, die nicht überschritten werden dürfe. Zugleich steht das Zwei-Grad-Ziel in der Kritik, nicht ausreichend zu sein, da auch bereits bei zwei Grad Erderwärmung schwere Folgen für Mensch und Umwelt auftreten werden. Gefordert wird deshalb häufig, den Temperaturanstieg auf maximal 1,5 Grad zu begrenzen.
Der Wissenschaftliche Beirat der Bundesregierung Globale Um-weltveränderungen hat bereits frühzeitig auf die Bedeutung des Zwei-Grad-Ziels hingewiesen. Vgl. Wissenschaftlicher Beirat der Bundesregierung Globale Umwelt-veränderungen: Klimawandel: Warum 2?C?; unter: https://www.wbgu.de/fileadmin/user_upload/wbgu/publikationen/factsheets/fs2_2009/wbgu_factsheet_2.pdf ?Stand: 13.2.2020?

[65] Vgl. dazu: Umweltbundesamt: Beobachtete und künftig zu erwartende globale Klimaänderungen, unter: https://www.umweltbundesamt.de/daten/klima/beobachtete-kuenftig-zu-erwartende-globale#-ergebnisse-der-klimaforschung- [Stand: 6.3.2020], Sowie: Umweltbundesamt: Zu erwartende Klimaänderungen bis 2100, unter: https://www.umweltbundesamt.de/themen/klima-energie/klimawandel/zu-erwartende-klimaaenderungen-bis-2100 [Stand: 6.3.2020]

- Arktis: Die durchschnittlichen Temperaturen stiegen in den vergangenen 100 Jahren doppelt so schnell wie im globalen Durchschnitt.
- Meereis: Satellitendaten zeigen, dass die durchschnittliche Ausdehnung um 2,7 Prozent pro Jahrzehnt geschrumpft ist.
- Niederschläge: Von 1900 bis 2005 wurden in vielen Regionen langfristige Veränderungen beobachtet, Zunahme der Niederschläge wie auch Austrocknung und Dürren.
- Meteorologische Extremereignisse: Die Häufigkeit von Starkniederschlägen hat zugenommen. Kalte Tage und Nächte sowie Frost sind seltener und heiße Tage und Nächte sowie Hitzewellen sind häufiger geworden.

Während noch vor wenigen Jahren der Einfluss des Klimawandels auf Wetterereignisse häufig verkannt wurde, gibt es inzwischen gefestigte wissenschaftliche Erkenntnisse über derartige Zusammenhänge.[66]

Das Umweltbundesamt weist darauf hin, dass neben diesen allmählichen klimatischen Veränderungen auch schnelle Änderungen im Klimasystem erfolgen könnten, die als abrupte Klimaänderungen bezeichnet werden. Beispiele möglicher abrupter Klimaänderungen sind:[67]

---

[66] Vgl. z.B. Friederike Otto: Wütendes Wetter. Auf der Suche nach den Schuldigen für Hitzewellen, Hochwasser und Stürme, Berlin 2019, oder: Stefan Rahmstorf, Hans Joachim Schellnhuber: Der Klimawandel. Diagnose, Prognose, Therapie, 9. Aufl., München 2019, S. 68 ff.
[67] https://www.umweltbundesamt.de/themen/klima-energie/klimawandel/zu-erwartende-klimaaenderungen-bis-2100 [Stand: 6.3.2020]

- Zusammenbruch der thermohalinen Zirkulation (Abbruch des Golfstroms) infolge Erwärmung oder Verdünnung des salzreichen Wassers im Nordatlantik.
- Zerfall des West-Antarktischen Eisschildes und damit einhergehender Meeresspiegelanstieg um einige Meter.
- Beschleunigtes Abschmelzen des Grönländischen Eisschildes und damit Einleitung eines irreversiblen Abschmelzprozesses.
- Steigendes Risiko des Auftauens von Permafrostböden und Freisetzung großer Methanmengen durch zunehmende Erwärmung.
- Zusätzliche Freisetzung von Kohlendioxid und damit Verstärkung des Klimawandels durch großflächiges Absterben des Regenwaldes zum Beispiel im Amazonasgebiet.

Das tatsächliche Risiko für das Eintreten einer abrupten Klimaänderung lässt sich schwer einschätzen, da es sich um nichtlineare Prozesse handelt und die kritischen Grenzen nicht exakt benannt werden können. Nach heutigem Wissensstand wird das Eintreten eines solchen Ereignisses für die nächsten Jahrzehnte vom Umweltbundesamt allerdings als gering wahrscheinlich eingeschätzt.[68]

Der politische Stellenwert des Problems Klimawandel ist in den letzten Jahren deutlich gestiegen, Zwar rückt er auf der Agenda in Zeiten schwachen Wirtschaftswachstums nicht selten in den Hintergrund. Dennoch hat zum

---

[68] Ebd.

Beispiel die ökologische Jugendbewegung „Fridays for Future" dazu beigetragen, das Thema Klimawandel fest auf der politischen Agenda zu halten.

International ist das leider nicht überall der Fall. Die Vereinigten Staaten erkannten zwar nach jahrelanger Blockadepolitik die Notwendigkeit einer schnellen Antwort auf den Klimawandel an und waren bereit, sich auf internationaler Ebene am Klimaschutz zu beteiligen. Doch der seit Januar 2017 amtierende US-Präsidenten Donald Trump leugnet trotz fundierter wissenschaftlicher Erkenntnisse den Klimawandel und hat den Ausstiegsprozess aus dem Pariser Klimaabkommen eingeleitet.[69]

China und andere Schwellenländer erkennen zwar zunehmend den eigenen Beitrag zu den schnell ansteigenden Treibhausgasemissionen an, stimmen bislang jedoch keinen Minderungszielen zu, die ihr Wirtschaftswachstum gefährden könnten.[70] Viele Entwicklungs- und Schwellenländer fordern beim Klimaschutz auch eine verstärkte finanzielle und technologische Unterstützung von den Industriestaaten.[71]

---

[69] Vgl. z. B. https://www.neues-deutschland.de/artikel/1128221.weltklimaabkommen-klimaschutz-rollback-misslingt.html [Stand: 6.3.2020]

[70] Vgl. z.B.: https://www.tagesspiegel.de/politik/13-staaten-im-vergleich-welche-laender-beim-klimaschutz-liefern-und-welche-nicht/25041222.html [Stand: 6.3.2020]

[71] Vgl. auch: Internationale Klimaschutzinitiative: Minderung von Treibhausgasemissionen, unter: https://www.international-climate-initiative.com/de/themen/minderung [Stand: 6.3.2020]

Wege zu weniger Kohlendioxid

Generell gibt es drei Wege, die Atmosphäre mit deutlich weniger Kohlendioxid zu belasten:[72]

- Den massiven Ausbau von Technologien, die Strom erzeugen, ohne CO_2 auszustoßen – dazu zählen die erneuerbaren Energien wie Wind, Sonne, Wasserkraft, Erdwärme und Biomasse.
- Die Entwicklung von Lösungen, die verhindern, dass CO_2 in die Luft abgegeben wird, oder die es sogar aus der Atmosphäre wieder entfernen[73].
- Den möglichst breiten Einsatz von Produkten, die die Energie wesentlich effizienter nutzen – aus einem Kilogramm Kohle, einem Liter Öl oder einem Kubikmeter Erdgas also wesentlich mehr an Nutzenergie herausholen.

Auf all diesen Feldern sind Ingenieure und Forscher bereits gut vorangekommen. Um dem Klimawandel aber wirkungsvoll zu begegnen, müssen dennoch wesentlich mehr Schritte erfolgen.

Ulrich Eberl hat die Szenarien der Internationalen Energieagentur, von Shell, vom Bundesumweltministerium und von Greenpeace verglichen. Zwar liegen die Schwerpunkte je nach politischer Ausrichtung etwas anders, doch im Kern gehen die Trends in dieselbe Richtung. Um die Halbierung

---

[72] Vgl. im Folgenden: Ulrich Eberl: Zukunft 2050. Wie wir schon heute die Zukunft erfinden, Weinheim-Basel 2011, S. 35

[73] Das sog. „Climate Engineering" befindet sich noch im Anfangsstadium der Forschung. Vgl. Tim Schröder: Die Weltreparatur, in: Süddeutsche Zeitung vom 18./19. Januar 2020, S. 34 f.

der weltweiten CO_2-Emissionen bis 2050 zustande zu bringen, schätzen die Experten, dass:[74]

- etwa ein Drittel der CO_2-Minderungen durch einen starken Ausbau der erneuerbaren Energien erreicht werden kann. Greenpeace glaubt sogar, dass im Jahr 2050 über drei Viertel des weltweiten Energiebedarfs durch erneuerbare Energien gedeckt werden könnten,
- etwa ein Fünftel der CO_2-Reduktionen über die Abspaltung, Speicherung oder Nutzung des Kohlendioxids erzielt werden kann,
- aber rund die Hälfte der nötigen CO_2-Abnahme mit einer höheren Energieeffizienz erreicht werden muss - bei der Energieerzeugung ebenso wie bei der Energieübertragung und der effizienteren Nutzung, ob in der Industrie, im Haushalt oder im Verkehr.

Allein die Energieeffizienzpotentiale bei Kraftwerken sind enorm hoch. Würde man die neuesten Technologien umfassend einsetzen, ließen sich bei Kohle- und Gaskraftwerken etliche Milliarden Tonnen CO_2 pro Jahr einsparen.[75] Deutschland hat hier bereits eine beachtliche Energieeffizienz erreicht. Gelänge es, in den USA, China und Russland die Energie so effizient zu nutzen wie in Deutschland, dann würde allein dadurch der weltweite Energieverbrauch schon um 15 Prozent sinken.

---

[74] Ulrich Eberl: Zukunft 2050. Wie wir schon heute die Zukunft erfinden, Weinheim-Basel 2011, S. 83
[75] Vgl. dazu und im Folgenden ebd., S. 84

Ähnliches gilt für die Kohlendioxidemissionen. Gelänge es, die Emissionen von USA, China und Russland auf das Niveau von Deutschland zu senken, so würde sich der weltweite CO_2-Ausstoß um rund ein Fünftel verringern.[76]

„Green Deal" der Europäischen Union

Die Europäische Union strebt beim Klimaschutz eine Vorreiterrolle an und will bis 2050 die Klimaneutralität erreicht haben.[77] Die Präsidentin der Europäischen Kommission, Ursula von der Leyen, hat mit dem „Green Deal" ein ehrgeiziges Maßnahmenpaket vorgelegt. Die darin enthaltenen zeitlich gestaffelten Maßnahmen reichen von drastischen Emissionssenkungen über Investitionen in Spitzenforschung und Innovation bis hin zum Erhalt unserer natürlichen Umwelt.[78] Schon bis 2030 soll der Ausstoß von Treibhausgasen stärker sinken als bisher geplant. Nicht mehr um 40, sondern um mindestens 50 Prozent im Vergleich zu 1990.[79] Noch ist allerdings offen, ob sich das ehrgeizige Maßnahmenpaket des „Green Deal" in der vorliegenden Form finanzieren und realisieren lässt.

---

[76] Ebd.
[77] Vgl. https://ec.europa.eu/info/strategy/priorities-2019-2024/european-green-deal_de [Stand: 6.3.2020]
[78] Ebd.
[79] Vgl. https://www.tagesschau.de/ausland/green-deal-eu-kommission-101.html [Stand: 6.3.2020]

Deutschland als Vorreiter beim Thema Klima und Energie

Deutschland hat beim Thema Klima und Energie mit dem Klimaschutzplan 2050[80] international eine Vorreiterrolle übernommen. Nach der Reaktorkatastrophe von Fukushima wurde die Entscheidung getroffen, bis 2022 schrittweise auf die Nutzung der Kernenergie in Deutschland zu verzichten. Der Ausstieg aus der Kernenergie wurde erstmals verbunden mit einem langfristigen, auf mehrere Jahrzehnte angelegten Gesamtkonzept für eine neue Art der Energieversorgung. Zentrale Elemente dabei sind der dynamische Ausbau der erneuerbaren Energien sowie eine ambitionierte Steigerung der Energieeffizienz.

Das Ziel ist, Deutschland bei wettbewerbsfähigen Energiepreisen und unter Beibehaltung eines hohen Wohlstandsniveaus zu einer der energieeffizientesten und umweltschonendsten Volkswirtschaften der Welt zu entwickeln. Ein hohes Maß an Versorgungssicherheit, ein wirksamer Klima- und Umweltschutz sowie eine wirtschaftlich tragfähige Energieversorgung sind zugleich die Voraussetzungen dafür, dass Deutschland auch langfristig ein wettbewerbsfähiger Industrie- und Technologiestandort bleibt.

Bis 2050 sollen die Treibhausgasemissionen Deutschlands im Vergleich zu 1990 um 80 bis 95 Prozent vermindert werden. Der Klimaschutzplan 2050 zeigt, wie Deutschland dieses Ziel konkret umsetzen will:[81]

---

[80] Vgl.im Folgenden: Die Bundesregierung: Klimaschutzplan 2050. Klimapolitische Grundsätze und Ziele der Bundesregierung, Berlin 2016
[81] Vgl. ebd.

- Sektorziele: Bis zum Jahr 2030 sollen die Treibhausgase um mindestens 55 Prozent gegenüber 1990 reduziert werden. Dieses Zwischenziel wird in Deutschland nun erstmals auf einzelne Sektoren heruntergebrochen: Energiewirtschaft, Gebäude, Verkehr, Industrie, Landwirtschaft. Die Energiewirtschaft soll ihren Treibhausgasausstoß gegenüber 1990 um 61 bis 62 Prozent senken, die Industrie um 49 bis 51 Prozent, der Verkehr um 40 bis 42 Prozent und die Landwirtschaft um 31 bis 34 Prozent. Die höchsten prozentualen Einsparungen soll der Gebäudebereich erzielen: 66 bis 67 Prozent.

- Regionalfonds: Der Umbau der Energieversorgung mit einer stärkeren Ausrichtung auf erneuerbare Energien bedeutet, dass der Anteil konventioneller Energieerzeugung aus Kohle sinken wird. Deshalb wurde ein Regionalfonds beschlossen. Er soll neue Wertschöpfung und Arbeitsplätze in den von diesem Strukturwandel betroffenen Regionen schaffen, bevor konkrete Schritte zur Verringerung der Kohleverstromung unternommen werden.

- Emissionshandel: Die Bundesregierung bekennt sich zu einem effektiven Emissionshandel als zentralem Klimaschutzinstrument auf EU-Ebene für die Energiewirtschaft und die Industrie. Es wird angestrebt, die Preisanreize zu stärken und die Effektivität des EU-weiten Systems des Emissionshandels zu erhöhen.

Der Klimaschutzplan 2050 stellt wichtige Leitbilder, Meilensteine und Maßnahmen auf, wie beim Thema Klima und Energie der Weg in die Zukunft beschritten werden kann. Aus der Sicht von Umweltschutzverbänden oder einzelner Wissenschaftler wurden ursprünglich ambitioniertere Ziele für Industrie, Energiewirtschaft, Gebäude, Verkehr oder Landwirtschaft zu stark abgeschwächt. Das darf aber den Blick nicht dafür verstellen, dass Deutschland international ganz an der Spitze im Kampf um den Klimaschutz marschiert. Sollten die anderen Staaten im selben Tempo mitmarschieren, könnte man den Entwicklungen bis 2050 etwas gelassener entgegensehen. Dies ist jedoch derzeit nicht der Fall.

Energiekonzept 2050

Auch mit ihrem „Energiekonzept 2050"[82] hat sich die Bundesregierung nach ihren Beschlüssen zum Ausstieg aus der Kernenergie ehrgeizige Ziele gesetzt. Das Zeitalter der erneuerbaren Energien soll möglichst schnell erreicht werden. Dabei geht es um den Ausbau der verschiedenen Energiearten, wie Windenergie, Biomasse oder Solarenergie. Es geht vor allen Dingen aber auch um den Ausbau neuer Netze, um die Frage der Speicherfähigkeit, die für erneuerbare Energien eine besondere Bedeutung hat, um die Elektromobilität und um vieles mehr. Hierzu einige wesentliche Elemente des „Energiekonzepts 2050":

- Windenergie: Strom aus Wind wird 2050 eine zentrale Rolle spielen. Der Ausbau von Windparks auf offener See soll beschleunigt werden. Denn dort weht der Wind regelmäßiger

---

[82] Vgl. im Folgenden: https://www.bundesregierung.de/resource/blob/997532/778196/8c6acc2c59597103d1ff9a437acf27bd/infografik-energie-textversion-data.pdf?download=1 [Stand: 6.3.2020]

und stärker. Bis 2030 sollen diese Offshore-Windanlagen Strom für mehr als 25 Millionen Menschen liefern.

- Biokraftwerke: Energie aus Biogas und Biomasse ist gut speicherbar und somit gut geeignet, um die schwankende Stromerzeugung aus Wind und Sonne auszugleichen. Künftig soll noch mehr Bioenergie für Wärme, Strom und Kraftstoffe sorgen.

- Speicherkraftwerke: Es muss stets genauso viel Strom produziert werden, wie nachgefragt wird, damit es nicht zu Stromausfällen oder Netzüberlastungen kommt. Energiespeicher, zum Beispiel Pumpspeicherkraftwerke, können überproduzierten Strom aus Wind und Sonne speichern und bei Bedarf in das Netz einspeisen. Viele Speichertechnologien sind heute noch nicht alltagstauglich. Die Forschung und Entwicklung von Speichertechnologien soll deshalb finanziell gefördert werden.

- Netze: Leistungsfähigere und flexiblere Netze nehmen die schwankenden Strommengen aus Wind und Sonne auf. Dazu kommt Strom aus Wasserkraftwerken, Stromspeichern, dezentralen Fotovoltaik- und Biogasanlagen. Die neuen leistungsfähigeren Netze müssen die Energie über größere Strecken transportieren – von den Windkraftanlagen im Norden bis zu den Industrien und Haushalten im Landesinnern.

- Elektromobilität: Elektrofahrzeuge verringern nicht nur die Abhängigkeit vom Öl. Lädt man die Batterien mit Strom aus erneuerbaren Energien, fahren Elektrofahrzeuge praktisch ohne Schadstoffausstoß. Bis 2030 will die Bundesregierung sechs Millionen Elektrofahrzeuge auf die Straße bringen. Die Umsetzung hierzu geht allerdings langsamer als geplant voran.
- Klimaneutrale Gebäude: Heute verbuchen die 20 Millionen öffentlichen und privaten Gebäude in Deutschland rund 40 Prozent des gesamten Energieverbrauchs und produzieren etwa ein Drittel der CO_2-Emissionen. Bis 2050 soll ein fast klimaneutraler Gebäudebestand ohne klimaschädliche Treibhausgase erreicht werden. Das heißt, die Gebäude werden etwa für die Heizung deutlich weniger Energie verbrauchen und überwiegend erneuerbare Energien nutzen. Dafür müssen jährlich etwa doppelt so viele Häuser energetisch saniert werden wie bisher.

Klimaschutzprogramm 2030

Beim Thema Klima und Energie ist viel in Bewegung. Erst am 9. Oktober 2019 hat die Bundesregierung einen ausführlichen Arbeitsplan für ihr „Klimaschutzprogramm 2030"[83] beschlossen, um die Klimaziele zu erreichen: 55 Prozent weniger Treibhausgase im Vergleich zum Jahr 1990. Die Bundesregierung verfolgt mit dem Klimaschutzprogramm 2030 einen Ansatz, mit einem breiten Maßnahmenbündel aus Innovationen, Förderung, gesetzlichen Standards und Anforderungen sowie mit einer Bepreisung von Treibhausgasen die vorgegebenen Klimaschutzziele zu erreichen.

Am 29. Januar 2020 verabschiedete die Bundesregierung als nächsten Schritt den Entwurf zum Kohleausstiegsgesetz.[84] Bis spätestens 2038 soll in Deutschland auch das letzte Kohlekraftwerk stillgelegt werden. Der Kohleausstieg ist nicht nur ein Meilenstein in der Energiewende, er wird auch den CO_2-Ausstoß erheblich reduzieren.

Gut ist aber nicht gut genug: Bereits im März 2020 wurde in einem im Auftrag des Bundesministeriums für Umwelt, Naturschutz und nukleare Sicherheit sowie des Umweltbundesamtes fertiggestellten Gutachten festge-

---

[83] Vgl. Die Bundesregierung: Überblick Klimaschutzprogramm 2030, unter: https://www.bundesregierung.de/resource/blob/997532/778196/8c6acc2c59597103d1ff9a437acf27bd/infografik-energie-textversion-data.pdf?download=1 [Stand: 6.3.2020]
[84] https://www.bundesregierung.de/breg-de/aktuelles/kohleausstiegsgesetz-1716678 [Stand: 6.3.2020]

stellt, dass auf der Basis des aktuellen Klimaschutzprogramms die Klimaschutzziele für die Jahre 2025 und 2030 nicht eingehalten werden.[85] Besonders groß sind dem Gutachten zufolge die Zielverfehlungen in den Sektoren Verkehr und Gebäude, gefolgt von der Energiewirtschaft.

Es scheint, dass schon bald das geplante Maßnahmenpaket nachgebessert werden muss. Aber vieles ist in Bewegung. Vieles kommt voran. Selbst wenn nicht alle Vorhaben vollständig gelingen: Bei Klima und Energie bleibt Deutschland Vorreiter auf dem Weg in das Jahr 2050.

---

[85] Vgl. Umweltbundesamt: Treibhausgasminderungswirkung des Klimaschutzprogramms 2030, Dessau-Roßlau, März 2020, unter: https://www.umweltbundesamt.de/sites/default/files/medien/1410/publikationen/2020-03-05_climate-change_12-2020_treibhausgasminderungswirkungen-klimaschutzprogramm-2030.docx_.pdf [Stand: 6.3.2020]

6. Verkehr der Zukunft: Stau ohne Ende?

Der Verkehr der Zukunft: Erleichtert er unsere Mobilität oder schränkt er sie ein? Ermöglichen uns unsere künftigen Verkehrsmittel und unsere Straßen, Schienen, Luft- und Wasserwege, Geh- und Radwege unfallfreie, schnelle, kostengünstige und umweltschonende Fortbewegungen? Schon heute verbringt jeder Deutsche durchschnittlich 120 Stunden jährlich im Stau.[86] Wird diese Staufalle noch größer oder gibt es künftig Auswege aus diesem Dilemma?

Vision für nachhaltigen Verkehr

Das Fraunhofer-Institut für System- und Innovationsforschung (ISI) hat aus jahrzehntelang gewonnenen Daten, Trends und Prognosen „VIVER" entwickelt, die Vision für nachhaltigen Verkehr in Deutschland im Jahr 2050.[87] Zwei Autos in der Garage, mit dem Wagen zur Arbeit, in den Urlaub und auch zum Bäcker – für viele Familien ist das Auto das wichtigste Verkehrsmittel. Im Jahr 2050 soll das nach VIVER Vergangenheit sein. Es gibt dann nur noch 250 Autos pro 1000 Einwohner, weniger als die Hälfte im Vergleich zu heute. Der stark reduzierte Autoverkehr ist reibungslos mit öffentlichen Verkehrsmitteln verknüpft.

---

[86] Vgl. unter: https://www.welt.de/vermischtes/article188629459/Stau-So-viel-Zeit-und-Geld-verlieren-die-Deutschen-beim-Warten.html [Stand: 17.2.2020]
[87] Vgl. im Folgenden: Fraunhofer-Institut für System- und Innovationsforschung ISI: VIVER, Vision für nachhaltigen Verkehr in Deutschland, Working Paper Sustainability and Innovation, No. S3/2011, Karlsruhe 2011, S. 10 ff.

Nach der Vision des Fraunhofer-Instituts sind die Deutschen 2050 ein Volk von multimodalen Verkehrsnutzern geworden. Man zahlt nicht mehr monatliche Fixkosten für ein Auto, sondern nutzungsabhängig für das Verkehrsmittel, das man gerade braucht – sei es die Bahn, der Mietwagen, der Segway oder das Fahrrad.

Das Verhältnis der Menschen zum Automobil wird sich stark verändern. Das Auto als Statussymbol hat nach dieser Studie ausgedient – ein Trend, den man schon heute bei vielen jungen Leuten, die in einer Großstadt wohnen, beobachten kann. Als Alternative zum privaten Pkw können umfangreiche Mobilitätspakete überall verbreitet sein und die ansonsten gestiegenen Mobilitätskosten erheblich senken. Rückgrat der vernetzten Mobilität wäre der barrierefreie Zugang zu allen Verkehrsmitteln im Personenverkehr durch einfache und standardisierte Informations- und Buchungssysteme. Bausteine der neuen Multi-Modalität wären moderner öffentlicher Verkehr, Car-Sharing, Mietwagen, Bike-Sharing, Mitfahrdienste inklusive Mobilitätsgarantien, Lieferdienste und Taxi.[88] Die Abrechnung würde im Pre-paid-Verfahren oder per monatlicher Rechnung über alle verwendeten Verkehrsdienstleistungen erfolgen.

Sharing-Pkw und Sharing–Räder, die überall in der Stadt geparkt wären, würden spontan ohne Vorbuchung und ohne feste Rückgabezeit genutzt und an Parkplätzen überall in den Städten wieder abgestellt. Erschwingliche Elektro-Räder steigern die Popularität des Fahrradfahrens auch in bergigen

---

[88] Ebd. S. 32 ff.

Regionen. Ebenso werden Kurzstrecken wieder öfter zu Fuß zurückgelegt, da in den Städten attraktive Fußwege und vielfach grüne, verkehrsberuhigte Flächen zum Ausruhen und Verweilen geschaffen worden sind.

Intelligente, intermodale Routenplaner in den Smartphones der neuesten Generation würden sekundenschnell die schnellsten, kostengünstigen und umweltschonenden Alternativen ermitteln und den Nutzern zu den verschiedenen Verkehrsmitteln lotsen. Der nächste Car-Sharing-Pkw, das nächste Leih-Fahrrad sowie die Anschlussverbindungen mit Tram, Metro oder S-Bahn würden angezeigt und könnten einfach gebucht, genutzt und bezahlt werden.[89]

Soweit die Vision der Fraunhofer-Forscher für 2050. Die Forscher gehen davon aus, dass in einem nachhaltigen Verkehrssystem der Personen- und Güterverkehr bis 2050 nicht weiterwachsen würde. Allein die aktuellen Prognosen des Bundesministeriums für Verkehr und digitale Infrastruktur zeigen jedoch für beide Bereiche ein deutliches Wachstum. Danach wird allein schon bis 2030 die Verkehrsleistung im Personenverkehr um 13 % zunehmen, im Güterverkehr sogar um 38 %.[90]

Auch wenn die Vision VIVER viele realistische Aussagen zur intelligenten Vernetzung der Verkehrsmittel enthält: Wie lässt sich zum Beispiel der Verkehr im ländlichen Raum ohne leistungsfähige, sparsame und sichere Autos

---

[89] Ebd.
[90] Vgl. Bundesministerium für Verkehr und digitale Infrastruktur: Verkehrsprognose 2030 (letzte Aktualisierung: Februar 2020); unter: https://www.bmvi.de/SharedDocs/DE/Artikel/G/verkehrsprognose-2030.html [Stand: 17.2.2020]

bewältigen, wo finden sich in den Städten ausreichende Parkplätze für Car-Sharing oder Mietwagen, oder bleibt das Auto doch auch künftig Statussymbol für viele Menschen? Viele Probleme und viele noch offene Fragen.

Intelligenter Verkehr

Eines aber ist sicher: Der Verkehr der Zukunft wird „intelligenter" sein.[91] Intelligente Verkehrsleitsysteme werden in Zukunft den Autofahrer möglichst staufrei durch die Straßen lotsen. In Echtzeit werden Daten über die Auslastung der Straßen gesammelt und verarbeitet und mit den Daten der Verkehrsteilnehmer abgeglichen, etwa mit der Wegstrecke, Geschwindigkeit, Fahrbahnbeschaffenheit und dem Reiseziel. So soll jeder Autofahrer eine individuelle Fahrtempfehlung erhalten, die ständig mit den aktuellen Verkehrsverhältnissen abgeglichen wird, gegebenenfalls werden dann Alternativrouten vorgeschlagen. Die heutigen teilweise schon vorhandenen Systeme werden künftig noch erheblich verfeinert und erweitert.

Die Prognos AG nennt in einer Studie über Zukunftstechnologien im Auftrag der vbw (Vereinigung der Bayerischen Wirtschaft e.V.) die zentrale Bedeutung Intelligenter Verkehrssysteme:[92]

- Intelligente Verkehrssysteme verknüpfen bestehende Systemelemente (Fahrzeuge, Verkehrsinfrastrukturen)

---

[91] Vgl. z.B. auch Bundesministerium für Verkehr und digitale Infrastruktur: Intelligente Verkehrssysteme; unter: https://www.bmvi.de/DE/Themen/Digitales/Intelligente-Verkehrssysteme/intelligente-verkehrssysteme.html [Stand: 17.2.2020]

[92] Vgl. Prognos AG: Bayerns Zukunftstechnologien. Analyse und Handlungsempfehlungen, hrsg. von der Vereinigung der Bayerischen Wirtschaft, München 2015, S. 78 ff.

- Intelligente Verkehrssysteme weisen ein großes Potenzial auf, bestehende Mobilitätsmuster und damit Mobilität im Allgemeinen nachhaltig zu verändern (zum Beispiel durch Sharing und Pooling von Fahrzeugen)
- Intelligente Verkehrssysteme adressieren zumeist mehrere Zieldimensionen parallel (Effizienz, Sicherheit, Komfort)
- Intelligente Verkehrssysteme ermöglichen, den antizipierten Anstieg der Verkehrsnachfrage insbesondere im Bereich des Güterverkehrs, aber auch des Personenverkehrs innerhalb der bestehenden Verkehrsinfrastrukturen abzubilden.

Die Ansatzpunkte für die Erforschung von Zukunftstechnologien im Rahmen Intelligenter Verkehrssysteme sind vielschichtig: Hier geht es zum Beispiel um Forschung für Antriebstechnik und Kraftstoffe, Fahrzeugbau, Infrastrukturen und Verkehrssysteme, Emissionsminderung, Autonomes Fahren und Verkehrsflussoptimierung, IT-Dienste im Fahrzeug und für das Fahrzeug, Multimodaler Verkehr oder Logistik und Internet der Dinge.

Autonomes Fahren

Besondere Bedeutung kommt künftig dem autonomen Fahren zu. Hier lassen sich je nach Verkehrsträger unterschiedliche Reifegrade feststellen. So ist der Automatisierungsgrad bzw. Autonomisierungsgrad im Flugverkehr bereits heute hoch. Im schienengebundenen Verkehr gibt es bereits heute erste Anwendungen des autonomen Fahrens (zum Beispiel im U-Bahn-Bereich). Mit der Einführung des European Train Control System Standards

(ETCS) werden perspektivisch auch die Möglichkeiten einer höheren Automatisierung im Schienen-Fernverkehr geschaffen.[93]

Auch die Voraussetzungen für die Automatisierung des öffentlichen Verkehrs, die einen fahrerlosen Betrieb von Bussen und Straßenbahnen ermöglichen würde, stellen sich vor allem im Vergleich zum autonomen Fahren im motorisierten Individualverkehr gut dar. Potenziale ergeben sich darüber hinaus für autonomes Fahren auch im Schiffsverkehr.[94]

Das autonome Fahren hat die Automobilbranche in Aufregung versetzt. Ein Auslöser dafür war, als die Google-Schwesterfirma Waymos Ende 2018 erstmals fahrerlose Roboterautos auf Probetouren durch das kalifornische Mountain View schickte.[95] Werden neue Spieler wie Google, Apple oder der kalifornische Elektroautobauer Tesla jetzt die Spielregeln der Autobranche komplett verändern und Unternehmen wie BMW, Daimler, Audi und Volkswagen in den nächsten Jahren überholen oder irgendwann sogar ganz vom Markt verdrängen?

Die Automobilhersteller bleiben wachsam. Ein Beispiel: BMW hat im April 2018 in Unterschleißheim bei München ein neues Kompetenzzentrum für

---

[93] Vgl. auch: Deutsche Bahn: ETCS: Das Europäische Zugsicherungssystem; unter: https://inside.bahn.de/etcs-europaeisches-zugsicherheitssystem/ [Stand: 17.2.2020]
[94] Vgl. z.B. https://www.nzz.ch/wissenschaft/autonome-schiffe-ohne-kapitaen-uebers-meer-ld.1499125 [Stand: 17.2.2020]
[95] Vgl. https://www.wiwo.de/unternehmen/auto/autonomes-fahren-kalifornien-laesst-waymos-roboterautos-ohne-fahrer-auf-die-strasse/23251448.html [Stand: 18.2.2020]

autonomes Fahren für 1800 Mitarbeiter eröffnet.[96] Dadurch werden die Experten für autonomes Fahren an einem Standort vereint. Mit dem neuen Zentrum sollen neue Arbeitsstrukturen geschaffen werden, die ein schnelles Agieren in einem hochinnovativen Umfeld ermöglichen. BMW will bereits 2021 ein selbstfahrendes Auto auf den Markt bringen. Mit dem weltgrößten Chiphersteller Intel und dem israelischen Roboterwagen-Spezialisten Mobileye als Partner will BMW die dafür notwendige Technik entwickeln.[97]

Der Weg vom assistierten Fahren mit Einparkhilfen, Stauassistenten und kontrolliertem Spurhalten hin zum komplett autonomen Fahren dürfte dennoch lang sein und viele Jahre dauern. Die Technik kann zwar schon vieles, aber die rechtlichen Rahmenbedingungen insbesondere unter Sicherheitsaspekten im öffentlichen Raum müssen erst noch geschaffen werden.

Autonomes Fahren, also die Steuerung eines Pkw ohne aktive Beteiligung des Fahrzeugführers, wird durch technische Entwicklungen auf zwei Ebenen getrieben: Zum einen „embedded", also die weiter fortschreitende Vernetzung und Funktionserweiterung von Sensorik, Aktorik und Steuergeräten im Fahrzeug selbst. Zum anderen „connected", die Erweiterung des

---

[96] Vgl. BMW Group: Neues Kompetenzzentrum für autonomes Fahren, unter: https://www.press.bmwgroup.com/deutschland/article/detail/T0280021DE/neues-kompetenzzentrum-fuer-autonomes-fahren-bmw-group-eroeffnet-offiziell-den-campus-fuer-autonomes-fahren-in-unterschleissheim-bei-muenchen?language=de [Stand: 18.2.2020]

[97] Vgl. https://www.2025ad.com/de/autonomes-fahren-bmw-will-schon-bis-2021-vollstaendig-autonome-autos-auf-die-strasse-bringen [Stand: 18.2.2020]

Wahrnehmungshorizonts des Fahrers durch Informationen, die verschiedene Fahrzeuge untereinander austauschen.[98]

Assistenzsysteme machen den Verkehr sicherer

Das VDI-Technologiezentrum nennt in seiner Untersuchung „Forschungs- und Technologieperspektiven 2030" folgende Hilfsmittel, die heute schon zur Unterstützung des Fahrers im Straßenverkehr zur Verfügung stehen:[99]

- Fahrassistenzsysteme mit Komfortfunktion wie adaptive Geschwindigkeitsregelung, Spurhalteassistent, Staufolgeassistent, Einparkhilfen, Navigationssysteme mit Verkehrsdatenupdates.
- Fahrassistenzsysteme mit Sicherheitsfunktionen, die die Handlungen des Fahrers überstimmen können, wie Bremsassistent, Kreuzungsassistent, Nothalteassistent, Fahrdynamikregelung (Elektronisches Stabilitätsprogramm, ESP).
- Zentral gesteuerte Verkehrsleitsysteme und Verkehrslenkung durch dynamische Geschwindigkeitsanzeigen und Anzeigetafeln, Wechselverkehrzeichen und dynamische Fahrstreifenzuweisung.
- Navigationssysteme, die Verkehrsdaten für Bundesautobahnen auswerten und Fahrempfehlungen geben. Verkehrsdaten für Bundes- und Gemeindestraßen werden derzeit nur von Firmen generiert –

---

[98] Vgl. dazu: VDI-Technologiezentrum: Forschungs- und Technologieperspektiven 2030, Ergebnisband 2 zur Suchphase von BMBF-Foresight Zyklus II, Düsseldorf 2015, S. 106
[99] Vgl. im Folgenden ebd. S. 106 f.

mittels anonymisierter Auswertung der Bewegungsdaten von Navigationsgeräten mit Mobilfunkschnittstelle oder der Mobiltelefone der Fahrer.

In Zukunft werden – so die VDI-Technologieforscher – weitere Sensoren im Automobil massentauglich sein, wie „Lidar" (Light Detection and Ranging) als Variante des Radars mit feststehendem Laser, und Laserscanner, deren zweidimensionale Ortsauflösung durch bewegliche Spiegel erreicht wird.[100] Im Fahrzeug müssen die einzelnen Messwerte anhand geeigneter Modelle ausgewertet („Sensordatenfusion") und interpretiert werden. Die stetig steigende Rechenleistung von Computern befördert die Interpretation der Daten in Echtzeit, sodass vollständig autonome Fahrzeuge zukünftig auf beliebige Umwelteinflüsse unter allen Umweltbedingungen reagieren können.

Teilautonome, autonome und vernetzte Straßenfahrzeuge könnten in Zukunft einen dichteren Verkehrsfluss erlauben und zugleich die Verkehrssicherheit erhöhen. Diese technische Entwicklung wird durch zwei gesellschaftliche Trends forciert: Die Zahl der Autofahrer älter als 65 Jahre nimmt zu, der Anteil bzw. die Fahrleistung der Autofahrer unter 35 Jahren hingegen ab.[101]

Die reduzierte Wahrnehmungsfähigkeit älterer Fahrer könnte durch technische Maßnahmen ausgeglichen werden und so deren Mobilität gesichert

---

[100] Ebd.
[101] Ebd. S. 109

werden. Die jüngeren Autofahrer – so die VDI-Forscher – könnten sich zukünftig während des Fahrens ungestört dem Infotainment widmen, das derzeit noch die Fahrsicherheit beeinträchtigt.

Wie entwickelt sich der Güterverkehr?

Soweit zum Personenverkehr auf der Straße. Wie entwickelt sich aber der Güterverkehr? Der „Kombinierte Verkehr" mit Containern und Wechselaufbauten, der eigentlich die Vorteile der Schiene bei kostengünstigen und umweltschonenden Langstreckentransporten und die Flexibilität des Lkw's in der Fläche über effiziente Umschlagsterminals verknüpfen sollte[102], ist in den letzten Jahrzehnten nie richtig vorangekommen. Vielmehr hat sich der Straßengüterverkehr immer stärker ausgeweitet. Der Straßengüterverkehr in Deutschland beförderte zuletzt jährlich 3,2 Mrd. Tonnen Güter, während die Eisenbahn nur einen Transportanteil von 354 Mio. Tonnen Gütern hatte.[103]

Neben deutschen, niederländischen oder italienischen Lkw's fahren seit der EU-Osterweiterung auch viele Lkw's aus Polen, Tschechien, Ungarn, Rumänien oder Bulgarien auf unseren Straßen. Lange, stauverursachende Lkw-Kolonnen und randvoll überfüllte Parkplätze führen zu bestimmten Zeiten und in bestimmten Räumen schon heute teilweise zum Verkehrsinfarkt.

---

[102] Vgl. dazu auch Thies Claussen: Grundlagen der Güterverkehrsökonomie, Hamburg 1979, S. 153 ff.
[103] Vgl. https://www.destatis.de/DE/Themen/Branchen-Unternehmen/Transport-Verkehr/Gueterverkehr/Tabellen/verkehrstraeger-hauptverkehrs-relation-a.html;jsessionid=A613A3FDEB279E9596BA6AE4FE1EFB17.internet711   [Stand: 18.2.2020]

Der explodierende Online-Handel[104] verstärkt diesen Trend noch. Kleidung, Bücher oder Technik etwa, die die Konsumenten früher in den Geschäften kauften, kommen immer öfter über E-Commerce per Mausklick nach Haus. Zu vielen Standard-Angeboten der Webshops gehören nicht nur kostenlose Lieferungen, sondern auch Rücksendungen, was die Zahl der Lkw-Fahrten nochmals erhöht.

Trotz allem: Ohne Lkw's, die derzeit rund drei Viertel des Gütertransports in Deutschland bestreiten, blieben Supermarktregale leer, Pakete kämen nicht bei ihren Empfängern an und die produzierende Wirtschaft würde nicht mit unverzichtbaren Gütern und Materialien beliefert. Die Nutzfahrzeuge der Zukunft müssen deshalb noch effizienter, vernetzter, energiesparender, umweltgerechter und kostengünstiger eingesetzt werden.

Nutzfahrzeuge der Zukunft

Die FutureManagementGroup aus Eltville nennt in einer aktuellen Studie einige Top-Trends für die Nutzfahrzeuge der Zukunft, die den Markt verändern werden:[105]

- Während elektrische und hybride Antriebstechnologien in den nächsten 20 Jahren zunehmend im städtischen Lieferverkehr einge-

---

[104] Vgl. z.B.: https://parcellab.com/blog/e-commerce/25-jahre-onlinehandel-die-entwicklung-des-e-commerce/ [Stand: 18.2.2020]

[105] Vgl. im Folgenden: FutureManagementGroup: 7 Top-Trends für Nutzfahrzeuge der Zukunft; Trends, Themen und Technologien, die den Markt verändern werden, Eltville 2014, S. 4 ff.

setzt werden, wird im Bereich der schweren Lkw mittel- bis langfristig keine Alternative zum Verbrennungsmotor existieren. Das Potenzial der Energieeffizienzoptimierung bei Dieselmotoren ist allerdings bei weitem noch nicht ausgereizt.

- Ein wesentlicher Teil des Kraftstoffverbrauchs wird im Lkw-Verkehr durch den Luftwiderstand verursacht. Seit einigen Jahren entwickeln Hersteller hoch aerodynamische Lkw-Modelle. Ein Beispiel ist das Konzept S von MAN, das in der Kombination Zugmaschine und Anhänger den Kraftstoffverbrauch und die CO_2-Emissionen um bis zu 25 Prozent senken soll.

- Weitere Treibstoffeinsparungen werden durch den Leichtbau ermöglicht. Faserverstärkte Kunststoffe und andere Hightech-Materialien könnten in Zukunft breite Anwendung finden, sofern sie die Sicherheit der Fahrzeuge im Straßenverkehr gewährleisten. Realisierbar sind partielle Gewichtseinsparungen von 20 bis 30 Prozent. Der Logistik-Bereich profitiert davon, dass Nutzfahrzeuge mit einem niedrigeren Leergewicht mehr Fracht transportieren können. Entsprechend weniger Fahrten sind notwendig.

- Die Komplexität der Logistik (Grad der Vernetzung, logistische Datenmenge, Zahl der Produkte) wächst exponentiell. Technologische Innovationen, vor allem aus dem Bereich der Informations- und Kommunikationstechnologie, werden dabei helfen, immer komplexere Logistik-Prozesse zu optimieren. Der Einsatz von Informationstechnologie im Rahmen des „Smart Logistics" ermöglicht ein Echtzeit-Monitoring und die exakte Prognose von Lagerbeständen sowie die Optimierung von Verkehrsströmen und Lieferprozessen.

Chancen für den Lkw-Verkehr der Zukunft werden insbesondere im sogenannten „Platooning" gesehen.[106] Sobald ein Lkw die Autobahn erreicht hat, gliedert er sich in einen „Platoon" ein, eine Art Güterzug aus Lastwagen. Gemeinsam mit weiteren Lkw's, die in einem relativ geringen Abstand von 10 bis 15 Metern hintereinander herfahren, folgt der Truck einem Lastzug an der Spitze, mit dem er über Vehicle-to-Vehicle-Kommunikation elektronisch verbunden ist. Durch synchronisierte Gas-, Brems- und Lenkeingriffe soll ein sichererer Verkehrsfluss als bei einer Alleinfahrt erreicht werden. Durch das Fahren im Windschatten sollen die nachfahrenden Fahrzeuge zudem Kraftstoff sparen.

Tests laufen bereits. In den letzten Jahren waren teilautonome Lkw-Platoons von Volvo, Scania, MAN, Daimler, DAF und Iveco quer durch Europa unterwegs.[107] Neben der erwähnten Kraftstoffersparnis sollen die Lkw-Ver-

---

[106] Vgl. z.B. https://www.adac.de/rund-ums-fahrzeug/ausstattung-technik-zubehoer/autonomes-fahren/technik-vernetzung/platooning-lkw-automatisiert/ [Stand: 18.2.2020]
[107] Vgl. https://www.eurotransport.de/artikel/platooning-daimler-trucks-beendet-sternfahrt-7298125.html [Stand: 18.2.2020]

bünde auch die Straßen besser auslasten, was wegen der vom Bundesverkehrsministerium prognostizierten Steigerung des Güterverkehrs bis 2030 um 38 Prozent[108] dringend notwendig wird.

Viele Fragen bleiben hier offen: Wie lassen sich derartige Lkw-Platoons mit den Bedürfnissen des Pkw-Verkehrs in Einklang bringen? Wie lassen sich die Fragen der Verkehrssicherheit lösen? Kann der Zuwachs des Güterverkehrs bei dem schleppenden Ausbau der Verkehrsinfrastruktur ohne drohende Verkehrsinfarkte bewältigt werden? Oder erleben wir eine Renaissance des Kombinierten Verkehrs, was aber wiederum eine deutliche Steigerung der Leistungsfähigkeit des Schienengüterverkehrs voraussetzen würde? Welche Weichenstellungen muss künftig die Verkehrspolitik vornehmen, um die Mobilität von Personen und Gütern auch in den nächsten Jahrzehnten zu gewährleisten?

Reise in das Jahr 2050

Reisen wir doch zum Abschluss des Kapitels Verkehr mit Ulrich Eberl in das Jahr 2050.[109] In der Welt des Jahres 2050 wird Mobilität ganz anders buchstabiert werden als heute: In „grünen" Stadtvierteln werden viele Wege zu Fuß oder per Fahrrad zu bewältigen sein. So wie es heute in vielen Städten Fahrradverleihstationen gibt, werden in Zukunft Stadtautos zu mieten sein

---

[108] Vgl. Bundesministerium für Verkehr und digitale Infrastruktur: Verkehrsprognose 2030 (letzte Aktualisierung: Februar 2020) unter. https://www.bmvi.de/SharedDocs/DE/Artikel/G/verkehrsprognose-2030.html [Stand: 17.2.2020]
[109] Vgl. im Folgenden: Ulrich Eberl: Zukunft 2050. Wie wir schon heute die Zukunft erfinden, Weinheim-Basel 2011, S. 132 f.

und nach einer einmaligen Anmeldung mit Chipkarten oder per Handy schnell und problemlos bezahlt werden können.

Auch werden manche Fahrten ins Büro durch Telearbeit ganz entfallen. Zudem werden es viele Bürger vorziehen, auf das stark ausgebaute Netz der öffentlichen Verkehrsmittel umzusteigen, zumal der Betrieb von Fahrzeugen mit Verbrennungsmotoren über Abgaben und Mautgebühren recht teuer sein wird. In Verteilzentren an den Stadtgrenzen werden Waren in emissionsfreie und geräuscharme Nutzfahrzeuge umgeladen, die ins Stadtzentrum fahren dürfen.

Busse und Bahnen werden nicht nur sehr komfortabel und energieeffizient sein, sondern sie werden auch stark automatisiert funktionieren und eng getaktet hintereinanderfahren – was die Hürde, sie zu nutzen, weiter senkt. Wer dennoch mit dem eigenen Auto fährt, wird meist ein Elektroauto benutzen, das überall betankt werden kann, wo elektrischer Strom zur Verfügung steht, zu Hause ebenso wie beim Supermarkt, auf dem Firmenparkplatz oder am Flughafen.

Dank vielfältiger Sensoren – so Eberl – wird dieses Auto wie fast ein persönlicher Roboter auf vier Rädern agieren und mit der Umgebung über zahlreiche Netze verbunden sein. Verkehrsdaten, Wetterdaten und Informationen über Objekte in der Nähe – vom nächsten Parkplatz bis zu den Restaurants – bekommt es über das Internet. Über verschlüsselte Daten kann es auch das Smart Home seines Besitzers kontaktieren. Metergenaue Ortsinformationen liefert das Satellitensystem Galileo, und die Verbindung zu anderen Autos und der Verkehrsinfrastruktur hält das Smart-Car per Funk. Dabei könnten die Fahrzeuge auch Kontakt zu „intelligenten" Ampeln aufnehmen, die solange grüne Welle zeigen, bis sich ein Querverkehr ankündigt.

Der Verkehr der Zukunft bietet uns zwar insbesondere in Ballungsräumen keine Garantie auf Staufreiheit und optimale Fortbewegung, aber: Technische, organisatorische, ökonomische und ökologische Systeme wachsen zusammen, vernetzen sich und gewährleisten uns wohl auch künftig eine ausreichende, sichere und bezahlbare Mobilität in Stadt und Land.

7. Technologische Entwicklungen: Die Wellen kommen schneller

Am 4. März 1892 wurde Nikolai Dmitrijewitsch Kondratieff als Sohn einfacher Bauern in Zentralrussland geboren.[110] Das wissbegierige Kind wuchs zu einem glänzenden Autodidakten in vielen Fächern heran, von der Ökonomie über die Kunst bis zur Juristerei. Schon früh kam er mit der Polizei des Zarenreiches in Konflikt, plädierte für politische Reformen und wurde mehrmals wegen Insubordination verhaftet.

Was hat Nikolai Kondratieff mit der Zukunft der Technik zu tun? Er lieferte mit seiner Theorie der „Kondratieff-Zyklen"[111] einen groben Rahmen für die technische und wirtschaftliche Entwicklung. Der russische Wissenschaftler hatte bereits in den 1920er-Jahren herausgefunden, dass Wirtschaftszyklen in langen Wellen von 40 bis 50 Jahren ablaufen. Ein Zyklus beginnt mit wichtigen Basisinnovationen, die einen Wohlstandszuwachs auslösen. Wenn eine Welle nach einigen Jahrzehnten stagniert, wird sie von der nächsten Welle abgelöst.

---

[110] Vgl. Erik Händeler: Kondratieffs Welt – Wohlstand nach der Industriegesellschaft, Moers 2005
[111] Nikolai, D. Kondratieff: Die langen Wellen der Konjunktur, in: Archiv für Sozialwissenschaft und Sozialpolitik, Band 56, 1926, S. 573 ff.

Von der Dampfmaschine zum Internet

Ab 1800 waren es zuerst die Dampfmaschine und die Textilindustrie.[112] Die Erfindung der Dampfmaschine, die bald auch in der Textilproduktion Verwendung fand, revolutionierte die Kleiderherstellung und führte zum ersten Konsum-Massenmarkt der Geschichte. Um 1870 befand sich der zweite Kondratieff-Zyklus auf seinem Höhepunkt mit den Basisinnovationen Eisenbahn und Stahlindustrie.

Von 1900 bis 1950 drehte sich viel um die Innovationen der Elektrotechnik: Elektrisches Licht und Straßenbahnen, Radio, Kühlschrank und Fernseher. Der vierte Kondratieff-Zyklus von 1950 bis 1990 war die große Boomphase des Automobils und der Petrochemie, des Öls und der Kunststoffe. Zurzeit befinden wir uns nach Kondratieff vor dem Scheitelpunkt des fünften Zyklus, der etwa 1990 startete und durch die Informations- und Kommunikationstechnik geprägt ist: Mit Computern, Internet und Mobilfunk.

Den sechsten Kondratieff-Zyklus, der nun langsam einsetzt, hat der russische Forscher Leo Nefiodow prognostiziert.[113] Darin sollen vor allem die Themen Umweltschutz sowie Bio- und Medizintechnik eine wesentliche Rolle spielen. Dieser Zyklus soll von Umwelt- und Gesundheitsthemen bestimmt werden im ganzheitlichen Sinn: Gesundheit der Umwelt ebenso wie Gesundheit des Menschen.

---

[112] Vgl. auch Ulrich Eberl: Zukunft 2050. Wie wir schon heute die Zukunft erfinden, Weinheim-Basel, 2011, S. 12 ff.
[113] Leo, A. Nefiodow: Der sechste Kondratieff, St. Augustin 1996

Diese Megatrends und Zyklen geben zwar einen groben Rahmen für die technische und wirtschaftliche Entwicklung vor, lassen aber keine Rückschlüsse auf einzelne technische Entwicklungen zu. Vor allem lässt sich daraus keineswegs die Dynamik konkreter technologischer Entwicklungen entnehmen.

Das Mooresche Gesetz

Nach Gordon Moore, einem der Gründer der Chipfabrik Intel, ist das „Mooresche Gesetz" benannt.[114] Es besagt, dass sich die Zahl der elektronischen Schaltelemente auf einem Mikrochip, und damit verbunden die Rechenleistung und die Speicherfähigkeit, alle 18 bis 24 Monate verdoppelt.

Wenn die Forscher und Entwickler immer mehr Transistoren auf einen Siliziumchip packen wollen, muss das einzelne Schaltelement immer kleiner werden. Derzeit betragen die feinsten Strukturen auf den Chips rund 50 Nanometer, ein Tausendstel des Durchmessers eines Haars. Viele Experten meinen, dass das Mooresche Gesetz bis 2030 an eine Grenze stoßen wird, da die Schaltelemente dann die Größe weniger Atome erreichen und es auch schwierig wird, die beim Rechnen entstehende Wärme abzuführen. Dennoch bedeutet dies, dass die Leistungsfähigkeit von Computern bis 2030 nochmals um das 500-fache gegenüber heute zunimmt. Auch dann sind die Forscher mit ihren Ideen noch lange nicht am Ende.

---

[114] Vgl. Scott Hamilton: T*aking Moore's law into the next century,* in: *Computer,* Band 32, Nr. 1, 1999, S. 43 ff.

Prognosen über technologische Entwicklungen und vor allem über deren Umsetzung in die breite Praxis sind von erheblichen Unsicherheiten belastet. Wer hätte vor fünfzehn Jahren voraussagen können, welche dynamische Entwicklung der Einsatz von Smartphones ausgelöst hat?

Unterschiedliche technische Entwicklungsdynamik

Es zeigt sich, dass Zeitskalen, Innovationszyklen und Umsetzungsdynamiken zwischen den verschiedenen Technologiebereichen stark differieren. Bereits innerhalb eines Technologie- oder Anwendungsfeldes ist die technische Entwicklungsdynamik zum Teil sehr heterogen. Dies betrifft ebenfalls die unterschiedlichen Aspekte des Marktzutritts, insbesondere, wenn die Nachfrage nach den technischen Neuentwicklungen mit hohen und langfristigen Investitionsentscheidungen verbunden ist.

Die Prognos AG unterscheidet in Ihrer Studie über Zukunftstechnologien drei zeitliche Gruppen für signifikante Entwicklungsschritte.[115] Bei der Digitalisierung und der Informations- und Kommunikationstechnik beträgt die durchschnittliche Dauer der Entwicklung einer Idee zum Produkt oder zu einer Dienstleistung nur ein bis fünf Jahre. Diese hohe Dynamik sehen die Prognos-Forscher auch bei der Gesundheits- und Medizintechnik und bei den Ernährungs- und Lebensmitteltechnologien.

5 bis 10 Jahre dauert die Entwicklung einer Idee zum Produkt oder zur Dienstleistung bei Energiesystemen, in der Nanotechnologie, bei Neuen

---

[115] Vgl. Prognos AG: Bayerns Zukunftstechnologien. Analyse und Handlungsempfehlungen, hrsg. von der Vereinigung der Bayerischen Wirtschaft, München 2015, S. 187 ff.

Werkstoffen und Materialien, bei industriellen Produktionstechnologien oder in der Biotechnologie. Intelligente Verkehrssysteme und zukünftige Mobilität sowie Luft- und Raumfahrttechnologien benötigen hingegen 10 und mehr Jahre von der Idee bis zum Einsatz.

Basistechnologien wie Digitalisierung und Informations- und Kommunikationstechnik, Neue Werkstoffe und Materialien oder Nanotechnologie haben zentrale Bedeutung für die Entwicklung auch in anderen Technologiefeldern. Sie beschleunigen deren spezifische Entwicklungen, da sie und die bei ihnen stattfindenden Entwicklungen gleichsam den Ausgangspunkt für Möglichkeiten in anderen Feldern darstellen. Zum Beispiel eröffnen Neue Materialien neue Funktionalitäten und Einsatzmöglichkeiten in so unterschiedlichen Bereichen wie Gebäuden, Fahrzeugen oder Textilien.

Matthias Horx beschäftigt sich in seinem Buch „Das Megatrend Prinzip" mit der Frage, ob es einen „Megatrend Hypertechnologie" oder einen „Megatrend der rasenden technischen Beschleunigung" gibt. Dazu Horx:[116]

„Um den technischen Fortschritt zu verstehen, sollte man bisweilen Zug fahren. Aber nicht mit einem jener Hochgeschwindigkeitszüge, hinter deren getönten Scheiben die Landschaft zu einem abstrakten Muster verschwimmt. Sondern mit einem quietschenden, nach oxidierten Eisen riechenden „Eilzug", der noch in den Vorortstationen mit Doppelnamen hält.

---

[116] Matthias Horx: Das Megatrend-Prinzip. Wie die Welt von morgen entsteht, München 2014, S. 191

Castrop-Dettenhausen. Barmbek-Uhlenhorst. Diedenbergen an der Schwupper.

Man sieht hinein in Wohnungen, wo auf braunen Cordsofas Männer mit Feinrippunterhemden sitzen und Bier neben halbwelken Zimmerpflanzen trinken. Der Blick streift über Gewerbehöfe mit Lastern ohne Reifen, aus denen Öl in den bröckeligen Betonboden sickert. Aufgelassene Fabrikareale, auf denen Brennnesseln wuchern. Man fährt durch eine Welt aus Mauern: Brandmauern, Abrissmauern, Brücken, Kaimauern. Alle tragen Graffiti-Insignien des verzweifelten Versuchs, eine persönliche Spur zu hinterlassen. Technologie kann unglaublich chic, sensationell, atemberaubend sein. Nur mit ihrer breiten Implementierung in der Wirklichkeit ist es anscheinend so eine Sache."

Soweit Matthias Horx. Das was in einem modernen Industrieland wie Deutschland als High-Tech angepriesen wird, ist also keineswegs in Castrop-Dettenhausen oder Barmbek-Uhlenhorst in voller Breite angekommen.

Mit eher skeptischen, von Horx zitierten Aussagen des texanischen Schriftstellers Michael Lind könnte man die Euphorie in die technologische Dynamik der Zukunft noch weiter dämpfen. Lind hält die These der Beschleunigung der technologischen Entwicklung schlicht für Unsinn:[117]

„Wir glauben gern, in einer Ära ungeheuren Wandels zu leben… Die Wahrheit ist: Wir leben in einer Periode der Stagnation. Und diese Stagnation ist gerade auf dem Feld der Technologie besonders sichtbar. Die Gadgets der

---

[117] Vgl. ebd. S. 193 f.

Informationstechnik haben nicht im Geringsten den transformativen Effekt wie das elektrische Licht vor einem Jahrhundert, der Kühlschrank, Gasöfen und Kanalisation. Ist die Kombination von Telefon, Bildschirm und Tastatur wirklich so bahnbrechend wie der Buchdruck oder die Schreibmaschine oder das einfache Telefon oder das Fernsehen?"

Das sind provozierende Thesen von Michael Lind. Tatsache aber ist, dass sich technologische Entwicklungen immer auch der Frage stellen müssen, was nutzen sie den einzelnen Bürgern und der Wirtschaft? Wie weit lassen sie sich breit in die Praxis implementieren? Können neue Technologien einen wichtigen Beitrag dazu leisten, dass sich unsere Lebensqualität, unsere Arbeitswelt, unsere Gesundheit und unsere Umwelt nachhaltig verbessern?

Aber ebenso wenig, wie der Weberaufstand in Schlesien im Jahr 1844 die Einführung mechanischer Webstühle verhindert hat, lassen sich technologische Entwicklungen aufhalten. Natürlich muss der Staat dafür Sorge leisten, dass diese Entwicklungen zum Beispiel im Hinblick auf Schadstoffbelastungen, Energieeffizienz oder in der Gentechnik im Hinblick auf ethische Grenzen so verlaufen, dass sie der Allgemeinheit nutzen und nicht schaden. Aber technischen und wissenschaftlichen Fortschritt per se einschränken zu wollen, führt in die Sackgasse und schadet Mensch, Natur und Wirtschaft.

Welche Technologien prägen künftig Alltagsleben und Industrie?

Was erwartet uns also an technischen Entwicklungen in den nächsten Jahren und Jahrzehnten? Diese Frage zu beantworten, fällt allein schon wegen der kaum noch zu überblickenden Vielfalt von Technologien sehr schwer.

Die Analysten von McKinsey haben zwölf Technologien ausgemacht, die Alltagsleben und Industrie in Zukunft prägen.[118]

- **Mobiles Internet**

  Neu ist der mobile Zugriff auf das Internet nicht mehr - aber das Thema birgt nach Ansicht von McKinsey noch erhebliches Potenzial.

- **Automatisierte Wissensarbeit**

  Unter diesem Stichwort fasst McKinsey lernende Maschinen, Mensch-Maschine-Schnittstellen (wie etwa Spracherkennung) und Anderes zusammen, das Wissens-Arbeitern den Job erleichtert.

- **Internet der Dinge**

  In den vergangenen fünf Jahren ist die Zahl miteinander verbundener Maschinen um 300 Prozent gestiegen, so McKinsey. Der Preisverfall bei mikroelektromechanischen Systemen werde den weiteren Ausbau des Internet der Dinge befeuern. In der Fertigungsindustrie beispielsweise ist noch viel Raum für den Einsatz von Sensoren.

---

[118] Vgl. https://www.cio.de/g/mckinsey-12-technologie-trends,11162#galleryHeadline [Stand: 1.2.2020]

- **Cloud-Technologie**

  Der As-a-service-Gedanke setzt sich weiter durch, und dafür brauchen Unternehmen Cloud Computing. Die Cloud ist schneller, flexibler und letztlich auch kostengünstiger, sagen die Analysten.

- **Intelligente Roboter**

  Seit es sie gibt, werden Roboter immer intelligenter. McKinsey sieht die nächste Entwicklungsstufe im Verschmelzen vom klassischen Roboter mit künstlicher Intelligenz. Roboter werden Menschen in immer anspruchsvolleren Bereichen unterstützen bzw. auch ersetzen können.

- **Synthetische Biologie**

  McKinsey erwartet aus der Arbeit mit Genetik und Biologie neue Impulse nicht nur bei der Behandlung von Krankheiten - heute sterben weltweit rund 26 Millionen Menschen jährlich an Krebs, Herz-Kreislauf-Erkrankungen und Diabetes 2 - sondern beispielsweise auch für das Produzieren neuer Kraftstoffe.

- **Energiespeicherung**

  Mit dem Aufstieg der Schwellen- und Entwicklungsländer erhalten immer mehr Haushalte Zugang zu Elektrizität. Damit rückt Energiespeicherung in den Fokus. Verbesserte Batterien und Power Grid sind Themen der Zukunft.

- **Material, das Mitdenken kann**

Schicke Kleider, die die Trägerin durch eingewebte Substanzen vor Sonnenbrand schützen, sind nur ein Beispiel für die Weiterentwicklung von Alltags-Materialien. Ein anderes sind Metallteile, die ihre ursprüngliche Form wieder annehmen können. Bei diesem Thema steht insbesondere Nano-Technologie im Vordergrund.

- **Neue Wege der Öl- und Gasgewinnung**

  Die Zeiten von Öl und Gas sind noch nicht vorbei. Weltweit investieren Regierungen in sogenanntes "unconventional oil and gas", neue Wege der Förderung also. In Deutschland ist eine rege Diskussion um Fracking in Gang.

- **Erneuerbare Energie**

  Sonne, Wind und Wasser sind zu Energielieferanten geworden. Sie versprechen, unendlich viel Energie bereitstellen zu können. Insbesondere in den USA und der Europäischen Union legen Umweltschützer und Endverbraucher auf diese Form der Energiegewinnung Wert.

- **Selbstfahrende Autos**

  Nicht nur Autos, auch Züge und Flugzeuge werden künftig ganz oder teilweise führerlos unterwegs sein. McKinsey erklärt, Googles selbstfahrende Autos hätten auf einer Gesamtstrecke von mehr als 300.000 Meilen nur einen einzigen Unfall gehabt - und an dem war ein Mensch schuld.

- **3D Drucken**

Einige wenige Designer und Freaks haben bisher mit 3D-Druck zu tun, doch die Technologie wird sich etablieren. Einer ihrer Vorteile: Produkte können auch in kleinen Auflagen "on demand" hergestellt werden. Als Vision verfolgen manche Wissenschaftler die Idee, irgendwann menschliche Organe wie etwa eine neue Leber "bioprinten" zu können.

Die Aufzählung von McKinsey, die noch keineswegs alle technologischen Entwicklungsbereiche und Entwicklungspfade enthält, zeigt die schier unendliche Breite der Technik der Zukunft. Wir können also nur beispielhaft versuchen, Entwicklungen der Technik der Zukunft aufzuzeigen. Dazu sollen im Folgenden Beispiele aus dem Bereich der Biotechnologie, der Künstlichen Intelligenz und des 3D-Drucks ausgewählt werden.

8. Beispiele: Biotechnologie, Künstliche Intelligenz, 3D-Druck

Beispiel 1: Biotechnologie

Die Biotechnologie ist in aller Munde – kann aber sehr viel unterschiedliche Dinge meinen. Biotechnologie steckt in Medikamenten, in Waschmittel, aber auch in Pflanzen. Sie ist eine klassische Querschnittstechnologie, die sich nicht nur auf Disziplinen wie Biologie und Biochemie stützt, sondern auch Physik, Chemie, Verfahrenstechnik, Materialwissenschaft und Informatik umfasst. Kern der Biotechnologie ist die Anwendung von Wissenschaft und Technik auf lebende Organismen.

Die Einsatzmöglichkeiten der Biotechnologie sind nicht auf ein Gebiet beschränkt, sondern sehr vielfältig. So erforschen Biotechnologen kleine und große Organismen, Pflanzen, Tiere und Menschen, aber auch kleinste Teile wie einzelne Zellen oder Moleküle. Biotechnologie ist zudem keine so neue Wissenschaft. Schon sehr lange benutzen Menschen lebende Mikroorganismen, etwa bei der Herstellung von Bier, Wein und Brot. Die moderne Biotechnologie, wie sie heute angewandt wird, nutzt indes gezielt die Methoden der Molekularbiologie.

Mit der Biotechnologie als vielgenutzter Querschnittstechnologie lassen sich neue Medikamente entwickeln, neue Pflanzensorten züchten oder Alltagsprodukte wie Waschmittel und Kosmetika effizienter herstellen. Zur Unterscheidung dieser verschiedenen Anwendungsgebiete hat sich eine Farbenlehre herauskristallisiert: So wird zwischen der roten, grünen und weißen Biotechnologie unterschieden. Die Farben beziehen sich auf die Gebiete Medizin (rot), Landwirtschaft (grün) sowie Industrie (weiß). Die von der Biocom AG gepflegte Internetplattform „Biotechnologie.de" liefert hierzu aktuelle anschauliche Beispiele.[119]

Rote Biotechnologie: Medizin

Die medizinische (rote) Biotechnologie beschäftigt sich mit der Entwicklung neuer therapeutischer und diagnostischer Verfahren. Die Grundlagen dafür wurden im Zuge der modernen Genomforschung gelegt. Ein Meilenstein dafür ist die Entzifferung des Humangenoms im Jahr 2001. Seitdem haben sich die Verfahren für die Genomanalyse nochmals sprunghaft weiterentwickelt.

Die Erbinformation ist der Bauplan aller Lebensvorgänge. Um den Mechanismen von Krankheiten auf die Spur zu kommen, ist das Wissen um diese Baupläne sehr wichtig. Je besser die Forscher verstehen, welche Gene für die Produktion bestimmter Eiweißmoleküle zuständig sind, umso eher können sie zielgerichtete Medikamente entwickeln.

Gerade bei Volkskrankheiten wie Herz-Kreislauf-Erkrankungen, Diabetes oder Krebs haben Wissenschaftler auf der Basis neuester Erkenntnisse bereits zahlreiche neue Ansätze für eine noch effizientere Behandlung mit weniger Nebenwirkungen oder gar Heilung von Krankheiten entdeckt. Konn-

---

[119] Vgl. im Folgenden hierzu:] Biocom AG: Biotechnologie.de. Was ist Biotechnologie? unter: http://biotechnologie.de/knowledge_base_articles/1-was-ist-biotechnologie [Stand: 11.3.2020]

ten bisher vielfach nur Symptome einer Krankheit behandelt werden, lassen sich mit dem Wissen der Genom- und Proteomforscher inzwischen gezielt die Ursachen bekämpfen.

Das Konzept, Medikamente entsprechend der molekularbiologischen Signatur eines Menschen einzusetzen und zu entwickeln, wird unter dem Begriff personalisierte oder individualisierte Medizin gefasst. Krebs stellt dabei eines der am häufigsten erforschten Krankheitsbilder dar.

Grüne Biotechnologie: Landwirtschaft

Kommen biotechnologische Verfahren in der Landwirtschaft zum Einsatz, wird von grüner Biotechnologie oder Agrobiotechnologie gesprochen. Ohne biotechnologische Methoden ist die moderne Landwirtschaft nicht mehr denkbar. Die Grundlagen hierfür legte vor allem die Pflanzengenomforschung, die in den vergangenen Jahren immer mehr Wissen zutage förderte, das sich für die Züchtung neuer Pflanzensorten gezielt nutzen lässt.

Früher mussten sich die Züchter allein auf die Beobachtung und Analyse äußerlicher Merkmale sowie auf ihre Erfahrung verlassen, ob es sich bei der durch Kreuzung geschaffenen Pflanze um ein Objekt mit den gewünschten Eigenschaften handelt oder nicht. Erst der Erkenntnisfortschritt der Genomforschung hat hier zu einem großen Wandel beigetragen.

Pflanzenzüchter können inzwischen nützliche Eigenschaften der Pflanzen auf genetischer Ebene bestimmen und die verantwortlichen Gene im Erbgut lokalisieren. Mit einer solchen Landkarte des Pflanzengenoms lassen sich Präzisionszüchtungen erreichen. Kaum ein Pflanzenzüchter verzichtet heute noch darauf.

Die Ansprüche an die Pflanzen sind heute enorm gewachsen. Auf dem Acker haben Elite-Zuchtpflanzen oberste Priorität, die angepasst an die jeweiligen Anbau- und Klimaverhältnisse ganz spezielle Eigenschaften aufweisen. Das Erbgut von Pflanzen kann inzwischen gezielt verändert werden, beispielsweise um ihre Abwehr gegen Schädlinge zu stärken oder ihren Ertrag bestimmter Substanzen zu erhöhen.

Die grüne Biotechnologie eröffnet zwar für die Zukunft viele neue Möglichkeiten. Ihr Einsatz ist aber, was die Debatten um den Anbau von „Gen-Mais" zeigen, in Deutschland und auch in anderen europäischen Ländern nach wie vor umstritten.[120] Das Unternehmen BASF hat deshalb seine Forschung und Entwicklungsaktivitäten zur Grünen Gentechnik in die USA verlagert. Weitere Forschungsarbeit muss zeigen, welche Auswirkungen längerfristig die Grünen Gentechnik auf die Gesundheit und die Umwelt hat.

Weiße Biotechnologie: Industrie

Ob im Waschmittel oder in der Hautcreme – in einer Vielzahl von industriellen Produkten steckt Biotechnologie. Der Griff in die Werkzeugkiste der Natur hilft der Industrie, ressourcenschonender und umweltfreundlicher zu arbeiten. Dies gilt für viele Lebensmittel, die schon seit Jahrhunderten auf

---

[120] Vgl. zum Beispiel https://www.pflanzen-forschung-ethik.de/aktuelles/1675.debatte.html [Stand: 2.2.2020] oder https://www.biooekonomie-bw.de/fachbeitrag/aktuell/renn-die-gruene-gentechnik-ist-ein-suendenbock-aber-kein-unschuldslamm-mehr [Stand: 2.2.2020]

die Kraft von lebenden Mikroorganismen setzen, wie Brot, Käse, Bier und Wein.

Aber auch bei der Herstellung hochwertiger Chemikalien, Arzneimittel, Vitamine, Wasch- und Reinigungsmittel, bei der Veredelung von Textilien, Leder und Papier und bei der Herstellung vieler anderer oft benutzter Gegenstände sind Methoden der weißen Biotechnologie zu einem festen Bestandteil des Produktionsverfahrens geworden.

Die Genomforschung trieb die dynamische Entwicklung der modernen weißen Biotechnologie immer weiter voran. Dieses Wissen legte die Fundamente dafür, dass sich die evolutionär geschaffene biosynthetische Vielfalt der belebten Natur inzwischen viel gezielter für industrielle Prozesse nutzen lässt.

Biotechnologische Verfahren bieten gegenüber chemischen Verfahren den Vorteil, dass Prozesse oftmals unter milden, umweltschonenden Bedingungen stattfinden können. Mikroorganismen bewerkstelligen komplexe Stoffumwandlungen mit hoher Ausbeute bei Zimmertemperatur und Normaldruck, wofür chemische Verfahren hohe Temperaturen und hohen Druck brauchen.

An die industrielle Biotechnologie sind deshalb immer auch ökologische Erwartungen geknüpft. In vielen Bereichen – etwa der Waschmittel – oder der Textilherstellung – haben sich diese bereits erfüllt. So tragen zum Beispiel Biokatalysatoren in Waschmitteln zu einer Reduzierung der Waschtemperatur bei.

Der Anteil biotechnologischer Verfahren bei der Herstellung chemischer Produkte dürfte in der Zukunft noch erheblich zunehmen. Experten schätzen, dass bereits im Jahr 2030 Biomaterialien und Bioenergie ein Drittel der gesamten industriellen Produktion ausmachen werden.

In vielen Anwendungsgebieten haben die Entwicklungen allerdings erst begonnen, vor allem bei der Herstellung von Biokunststoffen oder der Gewinnung von Energie aus nachwachsenden Rohstoffen. Hier müssen künftige Forschungsarbeiten erst den Grundstein für eine tatsächlich effiziente Produktionsweise legen, wobei die Biotechnologie einen entscheidenden Beitrag dazu leisten kann.

Impulse der Biotechnologie für andere Technologiefelder

Die zahlreichen Beispiele aus der Biotechnologie zeigen, was allein in diesem technologischen Zukunftsbereich an Möglichkeiten vorhanden ist. Dabei bleibt noch unberücksichtigt, dass die Biotechnologie vielen anderen Forschungs- und Technologiefeldern wichtige Impulse gibt. Dies zeigt sich zum Beispiel bei der Materialwissenschaft und Werkstofftechnik.

Nehmen wir hierzu nur den Bereich der Biowerkstoffe heran. Forscher des VDI Technologiezentrums und des Fraunhofer-Instituts für System- und Innovationsforschung zeigen in ihrem Bericht „Forschungs- und Technologieperspektiven 2030" Anwendungsbeispiele für Biowerkstoffe auf, die ein hohes Lösungs- und Innovationspotential aufweisen:[121]

---

[121] Vgl. VDI-Technologiezentrum: Forschungs- und Technologieperspektiven 2030, Ergebnisband 2 zur Suchphase von BMBF-Foresight Zyklus II, Düsseldorf 2015, S. 243 ff.

- Verpackungen wie Tüten, Folien, Schalen, Becher, Netze aus Biokunststoffen vor allem für Nahrungsmittel,
- Cateringprodukte wie Geschirr, Besteck, Becher, Trinkhalme aus kompostierbaren Biokunststoffen,
- Kompostierbare Folien, Netze, Töpfe, Schalen, Bänder aus Biokunststoffen für Garten- und Landschaftsbau,
- Chirurgisches Nahtmaterial, resorbierbare Implantate, Wirkstoffdepots aus Biokunststoffen; thermoplastische Stärke als Gelatineersatz für Kapseln und Pillen,
- Pflege- und Hygieneprodukte wie Windelfolie, Unterlagen, Einmalhandschuhe usw. aus Biokunststoffen,
- Autointerieur: Türverkleidung, Armaturenbrett, Autohimmel, Kofferraumauskleidung usw. aus naturfaserverstärkten Kunststoffen,
- Flachs, Hanf, Wolle oder Cellulose als Naturdämmstoffe im Bauwesen,
- Elektronikgehäuse, Schreibmaterial, Büroartikel aus Biokunststoffen,
- Sportartikel wie Sportbrillen, Skistiefel, Turnschuhe aus Biokunststoffen.

Diese Beispiele zeigen, dass Biowerkstoffe bereits in vielen Anwendungsbereichen herkömmliche Werkstoffe ersetzen können. Dies ist aber nur ein sehr kleiner Ausschnitt aus den schier unbegrenzten Möglichkeiten, die sich aus den zahlreichen Forschungs- und Technologiefeldern ergeben und aus deren Vernetzungen und Querschnittswirkungen.

Beispiel 2: Fortschritte der Künstlichen Intelligenz

Jahrzehntelang galt Künstliche Intelligenz als aussichtsloses Unterfangen: zu kompliziert, zu teuer, zu wenig praktisch verwertbar. Erst vor wenigen Jahren kam es aufgrund der enorm gestiegenen Rechenleistung von Hochleistungsprozessoren in Verbindung mit schier unbegrenzten Speichertechnologien zu unerwarteten Durchbrüchen. Selbst Apple, Google und Facebook wurden davon überrascht. Sie hatten die großen Sprünge unterschätzt, die Künstliche Intelligenz in kurzer Zeit machen würde.[122]

Die Tech-Riesen reagierten mit Zukäufen. Populärstes Beispiel: Der Kauf des kleinen britischen Labors für Künstliche Intelligenz namens DeepMind 2014 durch Google. Auch Facebook, Apple, Microsoft und andere führende Unternehmen wie Tesla oder der chinesische Konzern Alibaba investierten im großen Stil. Doch niemand hat so viele Experten versammelt und so große Sprünge gemacht wie Google.[123]

Überraschende Fortschritte der Künstlichen Intelligenz

Woher kamen die überraschenden Fortschritte der Künstlichen Intelligenz? Computer können jetzt dazulernen und Dinge erkennen, die bisher nur das menschliche Gehirn verarbeiten konnte. Verantwortlich dafür sind zwei

---

[122] Vgl. z.B. Christoph Keese: Silicon Germany. Wie wir die digitale Transformation schaffen, München 2016, S. 162 ff.
[123] Vgl. dazu auch: Thomas Schulz: Was Google wirklich will. Wie der einflussreichste Konzern der Welt unsere Zukunft verändert, München 2015, S. 184 ff.

technische Entwicklungen, die nach Jahrzehnten mühsamer Forschung in Künstlicher Intelligenz jetzt riesige Fortschritte möglich machen: „Machine Learning" und „Deep Learning".[124]

Beim maschinellen Lernen merken sich Computer Anwendungsbeispiele, erkennen Gesetzmäßigkeiten und können mit diesem Wissen später auch neue Situationen ohne menschliche Hilfe meistern. Beim „Deep Learning" werden viele Berechnungen nacheinander auf unterschiedlichen Datenschichten (neuronalen Netzen) angewendet. Das ist nur mit gigantischen Rechenleistungen und riesigen Datenmengen („Big Data") möglich. Mit dieser Methode haben zum Beispiel Google und Apple ihre Spracherkennungssysteme wesentlich verbessert.

Aber auch Übersetzungsdienste wie Google Translate kommen schnell voran. Vor einigen Jahren waren die Übersetzungen noch sehr fehleranfällig. Heute kann das Computerprogramm auf der Basis der Künstlichen Intelligenz die Aufgabe des Übersetzens frappierend gut meistern – und das nach heutigem Stand in 103 Sprachen.[125] So polyglott ist weltweit kein Mensch.

Chinesisches Brettspiel Go fordert Künstliche Intelligenz heraus

Ein signifikantes Beispiel für das Vorpreschen der Künstlichen Intelligenz ist das chinesische Brettspiel Go, das weltweit von Millionen Menschen vor allem in Asien, aber zunehmend auch in Europa gespielt wird. Das Spiel ist

---

[124] Vgl. z.B. Tobias Kollmann, Holger Schmidt: Deutschland 4.0. Wie die Digitale Transformation gelingt, Wiesbaden 2016, S. 49 ff.
[125] Vgl. https://www.heise.de/newsticker/meldung/Google-Uebersetzer-kennt-nun-ueber-100-Sprachen-3111654.html [Stand: 20.2.2020]

viel komplexer als Schach. Es gibt so viele mögliche Kombinationen, dass man sie schlicht nicht alle ausrechnen kann.[126]

2016 hat die lernfähige Software AlphaGo von Google, entwickelt von DeepMind, den südkoreanischen Weltmeister und Großmeister von Go, Lee Sedol, herausgefordert und in vier von fünf Partien besiegt. AlphaGo lernte mit zwei unterschiedlichen Methoden: Es wurde mit Zehntausenden historischen Go-Partien gefüttert und es spielte gegen sich selbst.

Seit Oktober 2017 gibt es als jüngstes Kind der AlphaGo-Familie nun AlphaGo Zero. Es läuft auf deutlich einfacherer Hardware als das Monster, das 2016 Lee Sedol schlug, und es kommt mit nur einem neuronalen Netz aus, das im Konzert mit einem anderen KI-System arbeitet. AlphaGo Zero bekam keinerlei Hinweise auf gute Strategien. Man brachte ihm lediglich die Spielregeln bei. Binnen drei Tagen spielte AlphaGo Zero 4,9 Millionen Partien gegen sich selbst und lernte dabei aus seinen Fehlern. Ergebnis: Der Autodidakt AlphaGo Zero schlug das ältere, auf der Basis menschlichen Inputs trainierte System mit 100 zu 0.[127]

Ende 2019 gab der südkoreanische Go-Champion Lee Sedol endgültig auf. Er will keine professionellen Wettkämpfe mehr bestreiten. Der Grund: Er

---

[126] Marc Beise, Ulrich Schäfer: Deutschland digital. Unsere Antwort auf das Silicon Valley, Frankfurt am Main 2016, S. 148 f.
[127] Vgl. Maximilian Schreiner: Der Aufstieg der KI: Zehn Jahre Künstliche Intelligenz und ihre Zukunft, unter: https://mixed.de/aufstieg-kuenstlicher-intelligenz-rueckblick-und-ausblick/ [Stand: 19.2.2020]

sieht sich als ewige Nummer Zwei hinter der Künstlichen Intelligenz. Sedol: „KI ist unbesiegbar."[128]

Künstliche Intelligenz wird vielseitig eingesetzt

Die auf neuronalen Netzen basierenden Systeme können nicht nur Go spielen, sie lassen sich für eine Vielzahl von Problemstellungen einsetzen: von Bilderkennung über Übersetzungen bis hin zur Krebserkennung, der Entwicklung neuer Werkstoffe oder Medikamente oder für selbstfahrende Autos. Künstliche Intelligenz steckt heute schon in unglaublich vielen Bereichen: in Suchmaschinen wie Google, über Staubsauger-Roboter bis zur Diagnose von Krankheiten, der Überwachung öffentlicher Plätze und der Berechnung von Aktien-Kursen.

Vor einiger Zeit verkündeten fast zeitgleich der amerikanische Software-Gigant Microsoft und der chinesische Konzern Alibaba, dass sie Künstliche Intelligenz-Programme entwickelt hätten, die bei einem Standardtest im Leseverständnis besser abschnitten als menschliche Kontrahenten.[129] Auch wenn Forscher der kalifornischen Standford University, die den Test dazu entwickelten, selbst einräumten, dass der Test Maschinen tendenziell begünstigt, eins ist klar: Künstliche Intelligenz wird unser Leben in den nächsten Jahren und Jahrzehnten radikal verändern.

---

[128] Tomislav Bezmalinovic: „KI ist unbesiegbar": Go-Champion Lee Sedol gibt auf, unter: https://mixed.de/go-champion-hoert-auf-ki-unschlagbar/ [Stand: 19.2.2020]
[129] Vgl. Johann Grolle: Künstliche Intelligenz. Wenn der Computer versteht, was er liest, unter: https://www.spiegel.de/wissenschaft/mensch/kuenstliche-intelligenz-wenn-der-computer-versteht-was-er-liest-a-1189094.html [Stand: 19.2.2020]

Künstliche Intelligenz: Menschheitserlöser oder Gefahr?

Das Thema Künstliche Intelligenz (KI) ist vielfach emotional stark aufgeladen. Die einen sehen KI als Menschheitserlöser, die anderen fürchten sich vor einer drohenden Übermacht der Maschinen. Beide Sichtweisen sind einseitig. Die Zukunft gehört nach Auffassung des Frankfurter Zukunftsinstituts der Allianz von Mensch und Maschine.[130] Künstliche Intelligenz wird sich in vielen Bereichen durchsetzen, weil sie im Gegensatz zur „Datenverarbeitung" in die Zukunft schaut: KI kann die Bewegung eines Autos prognostizieren und seine Kollisionswahrscheinlichkeit reduzieren. KI kann Millionen von Bildern nach Krebsanzeichen durchsuchen. KI kann den Ausfall von Systemen und Maschinen voraussagen.[131]

Auf neuronalen Netzen basierende Systeme werden in naher Zukunft viele Probleme lösen, an denen die Menschheit seit Jahrhunderten scheiterte. Aufgabe von Wirtschaft, Wissenschaft, Staat und Gesellschaft muss es dabei sein, Risiken und negative Auswirkungen soweit wie möglich zu begrenzen, aber gleichzeitig die sich bietenden Chancen zu nutzen. Das ist zweifellos eine sehr schwierige Aufgabe.

Der international angesehene Astrophysiker Stephen Hawking sagte wenige Monate vor seinem Tod bei der Technologie-Konferenz „Web Summit"

---

[130] Vgl. Zukunftsinstitut: 6 Thesen zur Künstlichen Intelligenz, unter: https://www.zukunftsinstitut.de/artikel/digitalisierung/6-thesen-zur-kuenstlichen-intelligenz/ [Stand: 19.2.2020]
[131] Ebd.

in Lissabon: [132] „Der Erfolg bei der Schaffung einer effektiven KI könnte das größte Ereignis in der Geschichte unserer Zivilisation sein. Oder das Schlimmste. Wir wissen es einfach nicht. Also können wir nicht wissen, ob wir unendlich von der KI unterstützt oder ignoriert, gefüttert oder möglicherweise zerstört werden."

Beispiel 3: 3D-Druck revolutioniert die Produktion

Der 3D-Druck, als Technik für die schnelle und kostengünstige Fertigung von Prototypen seit den 1980er-Jahren bekannt, steht vor dem Durchbruch in die Massenproduktion.[133] Die Kosten sinken rasant, die Produktivität steigt und neue Geschäftsmodelle entstehen.

3D-Druck ist additive Fertigung. Bei diesem Prozess wird auf der Basis von digitalen 3D-Konstruktionsdaten durch das Ablagern von Material schichtweise ein Bauteil aufgebaut. Anstatt zum Beispiel ein Werkstück aus einem festen Block herauszufräsen, baut die additive Fertigung Bauteile Schicht für Schicht aus Werkstoffen auf, die als feines Pulver vorliegen. Als Materialien werden zum Beispiel Metalle, Keramik oder Kunststoffe verwendet.

---

[132] https://futurezone.at/science/stephen-hawking-ki-koennte-schlimmstes-ereignis-der-menschheit-werden/296.805.846 [Stand: 19.2.2020]
[133] Vgl. im Folgenden u.a.: Umweltbundesamt: Die Zukunft im Blick: 3D-Druck, Dessau-Roßlau 2018, S. 11 ff.; Prognos AG: Bayerns Zukunftstechnologien. Analyse und Handlungsempfehlungen, hrsg. von der Vereinigung der Bayerischen Wirtschaft, München 2015, S. 131 f.; oder: Zukunftsinstitut: 3D-Druck: Die stille Revolution, unter: https://www.zukunftsinstitut.de/artikel/technologie/3d-druck-die-stille-revolution/ [Stand: 3.3.2020]

Bisher liegt der Schwerpunkt des 3D-Drucks beim Bau von Anschauungs- und Funktionsprototypen. Produktentwicklung und Markteinführung lassen sich dadurch entscheidend verkürzen. Mittlerweile hält der 3D-Druck jedoch zunehmend Einzug in die Serienfertigung. Der 3D-Druck zeigt dort seine Stärken, wo die konventionelle Fertigung an ihre Grenzen stößt.

Die Technologie setzt insbesondere an den Stellen an, wo Konstruktion, Design und Fertigung neu durchdacht werden müssen, um Lösungen zu finden. Auch eröffnet der 3D-Druck die Möglichkeit für höchst komplexe Strukturen, die gleichzeitig extrem leicht und stabil sein können. 3D-Druck ermöglicht das Herstellen kleiner Losgrößen zu angemessenen Stückkosten und eine starke Individualisierung von Produkten sogar in der Serienfertigung.

3D-Druck für komplexe Anwendungen

Der rasante technologische Fortschritt auf dem Gebiet des 3D-Drucks macht die verschiedenen Technologien auf diesem Feld immer interessanter für äußerst komplexe Anwendungen. Ein Punkt ist, dass sowohl die Drucker deutlich kostengünstiger hergestellt werden können als auch die Produkte selbst. Der andere Punkt ist, dass kaum mehr Grenzen bezüglich der Größe des Produkts als auch der Zusammensetzung des Produkts bestehen.

In China sind bereits viele Häuser aus dem 3D-Drucker entstanden, allerdings nach Bauvorschriften, die in Europa nicht ausreichen.[134] In Kopenhagen entsteht jedoch jetzt das erste Haus aus dem 3D-Drucker strikt nach EU-Norm, was sicherlich ein Durchbruch im Bauwesen ist.[135]

Der 3D-Druck hat eine längere Geschichte. Seit den 1980er-Jahren nutzte die Industrie dieses Verfahren für Prototypen. Mit dem 3D-Druck konnten Ideen einfacher, schneller und billiger visualisiert werden als mit Styropor-, Sperrholz- oder Gussmodellen. Heute ist 3D-Druck das Versprechen, die konventionelle Produktionstechnologie – Gießen, Fräsen, Schleifen, Drehen oder Bohren – zu ersetzen.

In einzelnen Branchen gelingt der Einstieg in die Massenproduktion von Einzelteilen bereits, zum Beispiel bei der additiven Fertigung von Zahnkronen. Pro Tag können 150 passgenaue Einzelstücke additiv gefertigt werden.[136] 3D-Druck setzt sich immer stärker dort durch, wo komplex geformte Teile schnell, flexibel und in kleinen Stückzahlen auf den Markt kommen müssen: in der Autoindustrie, in der Luft- und Raumfahrt oder in der Medizintechnik.

---

[134] Vgl. z.B. Lena Bujak: Dieses Haus kommt aus dem Computer, unter: https://orange.handelsblatt.com/artikel/22482 [Stand: 3.3.2020]
[135] Vgl. https://www.3d-grenzenlos.de/magazin/3d-objekte/haus-aus-3d-drucker-eu-norm-kopenhagen-27302283/ [Stand: 3.3.2020]
[136] Vgl. dazu: Zukunftsinstitut: 3D-Druck: Die stille Revolution, unter: https://www.zukunftsinstitut.de/artikel/technologie/3d-druck-die-stille-revolution/ [Stand: 3.3.2020]

Der 3D-Druck eröffnet auch in der Logistik neue Möglichkeiten.[137] In Zukunft können Produkte erst in letzter Minute im Transporter vor der Haustür des Kunden fertiggestellt werden. Das hat den Vorteil, dass der Kunde einfacher und schneller seine Produkte bekommt.

Aber auch die Lagerhaltung und der Transport sind deutlich kostengünstiger, da sich die Rohmaterialien einfacher lagern und transportieren lassen. Das Modell der Herstellung vor Ort des Verbrauchs kann sogar die internationale Arbeitsteilung grundlegend verändern, da nur noch die digitalen Konstruktionspläne transportiert werden und nicht mehr das komplette Gut.

Logistiker müssen dann komplett umdenken. Logistik-Unternehmen wie UPS bauen daher schon „3D On-Demand-Center" auf, um für diesen Wandel gerüstet zu sein. Das Ergebnis ist eine Re-Regionalisierung der Produktion an den Ort des Verbrauchs. Neben den Robotern ist der 3D-Druck also künftig eine weitere große technologische Herausforderung für die bisherigen Wettbewerbsvorteile der Billiglohnländer.

Auch im privaten Bereich kann der 3D-Druck eine Revolution auslösen, wenn preisgünstige 3D-Drucker in den Haushalten Schritt für Schritt Einzug halten. Man bestellt sich bei Amazon oder bei anderen Händlern nur noch den digitalen Bauplan und druckt das Produkt – ein neues Spielzeug oder eine Pfanne – direkt in der Wohnung aus.

---

[137] Vgl. auch: https://industrieanzeiger.industrie.de/technik/logistik/3d-druck-krempelt-die-logistik-um/ [Stand: 3.3.2020]

Schwerpunkt industrieller 3D-Druck

Der Schwerpunkt liegt allerdings eindeutig beim industriellen 3D-Druck. Auf diesem Gebiet ist Deutschland weltweit Vorreiter. Große Konzerne wie Siemens oder General Electric haben hier ihre Entwicklungszentren für diese Technologien. Aber auch erfolgreiche mittelständische Unternehmen mischen kräftig mit. Ein Beispiel: EOS aus Krailling bei München ist ein weltweit führender Technologieanbieter für den industriellen 3D-Druck von Metallen und Polymeren.

EOS hat die Mikro Laser-Sintern (MLS) Technologie entwickelt.[138] Mikro Laser-Sintern kann die Lösung sein, wenn die benötigten Teile klein, komplex oder individualisiert sind, wenn eine große Oberfläche innerhalb eines kleinen Volumens benötigt wird, wenn kleine metallische Teile in Leichtbauweise das Ziel sind oder wenn ein hoch schmelzender Werkstoff benötigt wird. Einsatzgebiete für die Mikrotechnologie gibt es schon heute viele und sie wachsen stetig. Speziell in der Medizintechnik, der Elektro- und Elektronikindustrie sowie der Automobilindustrie ist von einem steigenden Bedarf auszugehen.

Der industrielle 3D-Druck hat das Potenzial, die Produktionswirtschaft weltweit zu revolutionieren. In Kombination mit der Industrie 4.0, der rasanten Entwicklung der Künstlichen Intelligenz, der Sensorik und der Robotik wird der 3D-Druck wesentlich zu einem Umdenken in der Produktentwicklung

---

[138] Vgl. https://www.eos.info/additive_fertigung/fuer_technologie_interessierte [Strand: 3.3.2020]

und der Fertigung beitragen: weg von werkzeuggebundenen, starren Verfahren hin zu individualisierten, flexiblen Methoden. Eine stille Revolution steht vor der Tür!

Die Wellen technischer Innovationen kommen schneller

An den Beispielen Biotechnologie, Künstliche Intelligenz und 3D-Druck wurde gezeigt, welche Potentiale die künftige technologische Entwicklung hat. Rechenleistungen, Speicherkapazitäten und der Zugang zu Wissen stehen bald Milliarden von Menschen in einem bisher unbekannten Umfang zur Verfügung.

Künftig wird alles, wirklich alles miteinander vernetzt werden: das Smartphone mit dem Kühlschrank, das Auto mit dem Haus, die eine Fabrik mit der anderen, die Maschine in Deutschland mit der Maschine in Indien oder Japan, das intelligente Pflaster auf unserer Brust mit unserem Arzt. Viele Chancen, aber auch viele Probleme. Staat, Gesellschaft, Wissenschaft und Wirtschaft sind herausgefordert, dafür zu sorgen, dass künftige technologische Entwicklungen der Allgemeinheit nutzen und nicht schaden. Zweifellos eine Herkulesaufgabe. Aber dazu gibt es keine Alternative.

Die technologische Entwicklung der Zukunft dürfte besonders durch Synthetisierung, durch Koppelung und Kreuzung bereits vorhandener Erkenntnisse und Erfahrungen gesteuert werden. Das Tempo und die Breitenwirkung der technischen Entwicklungen sind selbst für Experten nur noch schwer einschätzbar. Die Wellen technischer Innovationen kommen in der „Vierten Industriellen Revolution"[139] schneller.

Bei allem technischen Fortschritt: Es wäre ein Irrglauben davon auszugehen, dass sich alle Probleme technisch sofort und vollständig lösen lassen. Die Corona-Pandemie hat gezeigt, dass weltweit trotz hochspezialisierter Labore und Forschungseinrichtungen die Entwicklung geeigneter Medikamente und wirkungsvoller Impfstoffe nicht in wenigen Wochen oder Monaten zu lösen ist. Viren und Naturkatastrophen zeigen der Menschheit ihre Grenzen auf. Demut ist angesagt und nicht grenzenlose Fortschrittsgläubigkeit.

---

[139] Vgl. dazu Klaus Schwab: Die Vierte Industrielle Revolution, 3. Aufl., München 2016, S. 9 ff.

9. Digitalisierung und Industrie 4.0

Die Digitalisierung ist allgegenwärtig. Mobiltelefone sind vollgepackt mit vernetzten Applikationen, Autos werden zu fahrenden Computern, Kühlschränke melden ihren Bestand aufs Handy und Online-Shopping ist ohnehin nicht mehr wegzudenken. Die Corona-Pandemie hat durch Home-Office und Homeschooling mehr als deutlich gemacht, welchen Stellenwert die Digitalisierung besitzt.

Die Digitalisierung betrifft nicht nur Endkunden, sondern auch und vor allem Industrie, Handel, Handwerk, Freie Berufe und Dienstleistungen, also die ganze Breite unserer Wirtschaft.

Aber Vorsicht: Jeder verwendet und interpretiert Digitalisierung unterschiedlich. Einerseits bedeutet Digitalisierung schlicht das Umwandeln analoger Daten in digitale Daten.[140] Andererseits beschreibt Digitalisierung die Automation von Prozessen und Geschäftsmodellen durch das Vernetzen digitaler Technik, Informationen und Menschen.

Daten als Grundlage der Digitalisierung

Grundlage der Digitalisierung ist die Nutzung der Daten als Produktionsfaktor oder als Bestandteil neuer oder verbesserter Prozesse und Produkte.[141]

---

[140] Vgl. z.B. Stefan Luber: Was ist Digitalisierung?, unter: https://www.bigdata-insider.de/was-ist-digitalisierung-a-626489/ [Stand: 4.3.2020] oder: https://www.gruenderszene.de/lexikon/begriffe/digitalisierung?interstitial [Stand: 4.3.2020]
[141] Vgl. Vereinigung der Bayerischen Wirtschaft e.V. (Hrsg.): Studie: Neue Wertschöpfung durch Digitalisierung, München 2017, S. 17 ff.

Dazu gehört der Aspekt Algorithmik: Daten können nur auf der Grundlage passender Algorithmen – dem Kernbaustein jeder Software – nutzbar gemacht werden.

Digitalisierung kam nicht über Nacht. Zunächst beschränkte sich die Nutzung digitaler Technologien auf die originären Bereiche der Informations- und Kommunikationstechnologien.[142] Nach dem starken Wachstum in diesen Branchen in den 1980er- und 1990er-Jahren und dem Platzen der New-Economy-Blase zu Beginn des neuen Jahrtausends veränderte sich der Charakter des digitalen Wandels grundlegend.

Die Informations- und Kommunikationstechnologien sind nicht mehr länger nur in einer bestimmten Branche beheimatet. Vielmehr etablierten sie sich in fast sämtlichen Bereichen der Volkswirtschaft. Durch diese breite Diffusion ermöglicht die Digitalisierung auch in anderen Branchen technologischen Fortschritt.

Die Prognos AG sieht Entwicklungsschwerpunkte vor allem bei folgenden digitalen Trends: Cloud Computing, Big Data, mobile Anwendungen und Internet der Dinge.[143]

---

[142] Vgl. z.B. Tobias Kollmann, Holger Schmidt: Deutschland 4.0. Wie die Digitale Transformation gelingt, Wiesbaden 2016, S. 2 ff.
[143] Vgl. Prognos AG: Bayerns Zukunftstechnologien. Analyse und Handlungsempfehlungen, hrsg. von der Vereinigung der Bayerischen Wirtschaft, München 2015, S.246

Vier Stufen der digitalen Wertschöpfung

Die Studie „Neue Wertschöpfung durch Digitalisierung"[144] beschreibt in einem „Reifegradmodell" folgende vier Stufen der digitalen Wertschöpfung:

- Stufe 1: Digital sehen – unterstützende Computerisierung: Unternehmen nutzen IKT und das Internet nur zur Unterstützung der Geschäftsprozesse. 55 Prozent der Unternehmen in Deutschland sind dieser Gruppe zuzuordnen.
- Stufe 2: Digital agieren – Gestaltende Computerisierung: Unternehmen setzen IKT und Computer zur aktiven Gestaltung ihrer Geschäftsprozesse ein. Ein Viertel der Unternehmen gehört dieser Gruppe an.
- Stufe 3: Digital abbilden - Teilautonome Digitalisierung: Unternehmen nutzen die Digitalisierungstechnologien zur virtuellen Abbildung von Produkten und Prozessen. Diese Stufe wird als hybrid-digital bezeichnet, weil der Mensch als Entscheider noch im Zentrum steht. Der Anteil dieser Gruppe liegt bei 18 Prozent.
- Stufe 4: Digital entscheiden - Autonome Digitalisierung: Die Systeme können selbstständig und autonom entscheiden und sich sogar selbst optimieren. Im Vergleich mit der Stufe 3 tritt der Mensch als Entscheider zurück. Erst rund zwei Prozent der Unternehmen gehören heute der Stufe 4 an.

---

[144] Vereinigung der Bayerischen Wirtschaft e.V. (Hrsg.): Studie: Neue Wertschöpfung durch Digitalisierung, München 2017, S.45 ff.

Dieses Reifegradmodell zeigt, dass sich der weit überwiegende Teil der Unternehmen erst in den Stufen 1 und 2 befindet. Die künftige Entwicklung zielt auf die Stufen 3 und 4 ab.

Fazit: Unternehmen, die morgen erfolgreich sein wollen, müssen bereits heute stärker die Chancen ergreifen, die ihnen die Digitalisierung bietet. Denn die Digitalisierung verspricht niedrigere Kosten, erhöhte Produktionsqualität, Flexibilität und Effizienz und kürzere Reaktionszeiten auf die Wünsche der Kunden und auf die Anforderungen des Marktes. Digitalisierung eröffnet nicht zuletzt neue, innovative Geschäftsfelder.[145]

Digitaler Wandel treibt die Manager

Manager müssen Treiber des digitalen Wandels sein. Doch häufig ist es umgekehrt: Digitaler Wandel treibt die Manager. Bernd Holitzner, Geschäftsführer des Beratungsunternehmens menovo, das sich auf Automation, Optimierung und Beratung von Geschäftsprozessen spezialisiert hat, warnt deshalb vor digitalem Aktionismus.[146]

---

[145] Vgl. auch Siemens: Digitalisierung verändert die Industrie. Die Zukunft der Industrie vorausdenken, unter: https://new.siemens.com/global/de/unternehmen/themenfelder/digital-enterprise.html?stc=wwdi104425&s_kwcid=AL!462!3!350014328639!b!!g!!%2Bindustrie%20%2Bder%20%2Bzukunft&ef_id=CjOKCQiAwP3yBRCkARIsAABGiPrju-6uHyu_9NQVdULBy [Stand: 4.3.2020]

[146] Vgl. Bernd Holitzner: Digitalstrategie: Was ist eigentlich Digitalisierung?, Gastbeitrag in der WirtschaftsWoche, 26. Februar 2016, unter: https://www.wiwo.de/technologie/digitale-welt/digitalstrategie-was-ist-eigentlich-digitalisierung/13014938.html [Stand: 4.3.2020]

Viele Unternehmen räumen selbst ein, dass ihre digitale Strategie unklar und diffus ist. Vielfach wird die Technik vor den Bedarf und den Prozess gestellt. Deswegen bleibt der Bedarf häufig auf der Strecke. Oder es werden schwammige digitale Strategien formuliert, die weder Bedarf noch Unternehmensstrategie berücksichtigen.

Holitzner gibt deswegen den Unternehmen folgende Tipps zur Entwicklung einer Digitalstrategie:[147]

- Analysieren Sie zunächst die aktuelle Situation: Ermitteln Sie den aktuellen Prozessablauf – über Abteilungsgrenzen hinweg. Stellen Sie Start- und Endpunkt des Gesamtprozesses fest und definieren Sie Haupt- und Subprozesse. Zum Schluss eruieren Sie die verwendeten Tools. Wahrscheinlich haben Sie erste Schwachstellen und Optimierungspotentiale aufgedeckt. Jetzt können Sie sich vergewissern, ob die gestellte Anforderung diese berücksichtigt.
- Prüfen Sie die Unternehmensstrategie: Prüfen Sie, ob die Anforderung die Unternehmensstrategie berücksichtigt. Ein Beispiel ist der Onboarding-Prozess. Die IT-Abteilung erwartet, dass Software installiert und Berechtigungen angelegt werden. Die Unternehmensstrategie fordert, dass der Prozess effizienter wird. Diese Bedürfnisse müssen Sie in Einklang bringen.
- Optimieren Sie den Prozess: Analysieren Sie die Optimierungspotenziale des aktuellen Prozesses. Das sind Prozessschritte, die die

---

[147] Ebd.

Unternehmensstrategie nicht unterstützen. Wenn Sie eine fundierte Auswertung benötigen, führen Sie eine Prozesskennzahlenanalyse durch. Dokumentieren Sie die Optimierung anschließend detailliert.

- Finden Sie heraus, ob Technik den Prozess unterstützen muss: Anhand des Optimierungskonzeptes erkennen Sie, wo technische Unterstützung sinnvoll ist. Formulieren Sie, welchen Bedarf die Technik erfüllen soll. Soll die Fehleranfälligkeit im Dokumentenmanagement reduziert werden? Sollen Informationen firmenweit zugänglich sein?

- Analysieren Sie vorhandene Technik: Häufig existieren in Unternehmen Tools, die die Anforderungen erfüllen. Durch Kommunikationsdefizite oder mangelnde Prozesskenntnis werden diese nicht berücksichtigt. Überprüfen Sie genauer den Nutzen und die Potentiale der eingesetzten Tools. Erfüllen bestimmte Tools den Bedarf nicht? Dann untersuchen Sie mit der gleichen Akribie die Auswahl neuer Tools.

- Stellen Sie sicher, dass die Technik anpassungsfähig ist: Heutzutage ändert sich der Bedarf eines Unternehmens kontinuierlich. Stellen Sie sicher, dass Tools schnell und mit geringem Aufwand angepasst werden können. Zum Beispiel indem Funktionen via Konfiguration geändert werden können.

- Bleiben Sie am Ball: Nachdem die Digitalisierung erfolgreich umgesetzt wurde, ist die größte Herausforderung, sie kontinuierlich anzupassen. Der digitale Prozess muss kontrolliert, hinterfragt und weiterentwickelt werden.

Soweit Bernd Holitzner mit seinen Empfehlungen für die Implementierung einer unternehmensspezifischen Digitalisierungsstrategie. Diese Empfehlungen klingen salopp gesagt fast wie ein „Kochrezept", haben aber in dieser oder in einer variierten Form große praktische Bedeutung. Denn nur eine gründliche und systematische Analyse von technischen Möglichkeiten, der Strategie und von Anforderungen und Prozessen verhilft dazu, komplexe Managementaufgaben wie die Einführung einer Digitalisierungsstrategie erfolgreich durchzuführen.

Bernd Holitzner ist dabei nur einer von vielen Beratern, die den Digitalisierungsprozess von Unternehmen begleiten. Beratung erscheint aber in vielen Fällen wohl unverzichtbar, um die Fehler eines digitalen Aktionismus zu vermeiden, und gerade auch in kleinen und mittelständischen Unternehmen zu gewährleisten, dass deren Digitalisierungsstrategie in diesem und im nächsten Jahrzehnt vorankommt. Wer in den nächsten Jahren immer noch keine Digitalisierungsstrategie besitzt, dürfte wohl bald als „digitaler Dinosaurier" bezeichnet werden können.

Digitalisierung der Wirtschaft nimmt Fahrt auf

Das Bundesministerium für Wirtschaft und Energie hat in seinem Monitoring-Report „Wirtschaft DIGITAL" festgestellt, dass die Digitalisierung der gewerblichen Wirtschaft erfreulich an Fahrt aufnimmt.[148] Im „Standortindex DIGITAL" erreicht die deutsche gewerbliche Wirtschaft 65 von 100 möglichen Punkten. Damit liegt Deutschland nach USA, Südkorea, Großbritannien und Finnland auf dem fünften Platz, noch vor Japan, China, Frankreich, Spanien und Indien.[149]

In einem vorausgegangenen Monitoring-Report[150] wurden die Unternehmen der gewerblichen Wirtschaft auch nach den Vorteilen und den Nachteilen befragt, wie sich die Digitalisierung auf sie ausgewirkt hat.

Vorteile der Digitalisierung: 84 Prozent der Unternehmen der gewerblichen Wirtschaft sehen in der Verbesserung der Zusammenarbeit mit externen Partnern, 80 Prozent in der Effizienzsteigerung unternehmensinterner Prozesse die beiden größten Vorteile, die die Digitalisierung ihren Unternehmen gebracht hat. Drei Viertel aller Befragten bestätigt deutlich erkennbare Wachstumssteigerungen.

71 Prozent der Unternehmen geben an, dass sich ihre Innovationstätigkeit durch Digitalisierung steigern ließ. Ein weiterer Vorteil sei, dass die Digitalisierung den direkten Zugang zum Endkunden (67 Prozent) erleichtere. 62

---

[148] Vgl. Bundesministerium für Wirtschaft und Energie: Monitoring-Report Wirtschaft DIGITAL 2018. Der IKT-Standort Deutschland und seine Position im internationalen Vergleich, S. 3 ff. unter: https://www.bmwi.de/Redaktion/DE/Publikationen/Digitale-Welt/monitoring-report-wirtschaft-digital-2018-ikt-standort-deutschland-kurz-fassung.pdf?__blob=publicationFile&v=8 [Stand: 4.3.2020]
[149] Ebd. S. 14
[150] Vgl. im Folgenden: https://www.bmwi.de/Redaktion/DE/Publikationen/Digitale-Welt/monitoring-report-wirtschaft-digital-2016.html [Stand: 4.3.2020]

Prozent der Befragten geben an, dass sie bei der Entwicklung neuer Geschäftsmodelle überaus positive Impulse durch Digitalisierung feststellen konnten. Zu 43 Prozent sind die Unternehmen der gewerblichen Wirtschaft mehrheitlich der Auffassung, dass sich neue Wettbewerber nicht auf ihr Geschäft ausgewirkt haben.

Nachteile der Digitalisierung: Das größte Hemmnis für den Ausbau der Digitalisierung in der gewerblichen Wirtschaft stellt die Unterversorgung mit Breitband (40 Prozent) dar. Mit 38 Prozent ist die zweitgrößte Hürde der hohe Investitionsbedarf. Zu hoher Zeitaufwand (32 Prozent) und fehlende, verlässliche Standards (28 Prozent) stellen erhebliche Erschwernisse bei Digitalisierungsvorhaben dar. Jedes vierte Unternehmen (26 Prozent) sieht in Datenschutz- und Datensicherheitsfragen und fehlendem, qualifizierten Fachpersonal (23 Prozent) Hürden, die der Digitalisierung entgegenstehen. Unklar geregelte Verantwortlichkeiten (15 Prozent) und fehlende Unterstützung durch das Top Management (14 Prozent) stellen weniger schwerwiegende Barrieren dar.

Die Gegenüberstellung von Vorteilen und Nachteilen zeigt, dass deutlich größere Stimmenanteile auf die positiven Effekte als auf die Hemmnisse entfielen. Auch wenn die Digitalisierung der deutschen Wirtschaft voranschreitet und generell eine positive Grundstimmung dafür bei den Unternehmen besteht, muss die Bundesregierung mit einem Bündel von Maßnahmen dafür sorgen, dass dieser Prozess noch dynamischer verläuft und nicht zum Stocken kommt.

Digitale Agenda der Bundesregierung

Dazu hat die Bundesregierung im August 2014 eine Digitale Agenda beschlossen, die gemeinsam mit Wirtschaft, Tarifpartnern, Zivilgesellschaft und Wissenschaft umgesetzt werden soll. Drei Jahre später hat die Bundesregierung in einem „Legislaturbericht Digitale Agenda 2014 – 2017"[151] Fortschritte insbesondere bei folgenden Meilensteinen feststellen können:

- Unterstützung der Wirtschaft auf dem Weg in die Industrie 4.0,
- Förderung einer attraktiven und wettbewerbsfähigen Berufsbildung 4.0,
- Stärkung der Cybersicherheit,
- Anpassung des Datenschutzrechts,
- Verbesserung der Wagniskapitallandschaft für Start-ups sowie
- Fortschritte beim flächendeckenden Breitbandausbau.

Sicher lassen etliche Punkte Wünsche und Erwartungen verschiedener Interessengruppen offen. Es ist noch ein dorniger Weg, um die drei Kernziele der deutschen Digitalpolitik zu erreichen: Wachstum und Beschäftigung, Zugang und Teilhabe, Vertrauen und Sicherheit.[152] Allein die sieben Handlungsfelder, die die Bundesregierung bei ihrer Digitalpolitik verfolgt, zeigen wie breit die zu lösenden Herausforderungen der Zukunft aufgestellt sind:[153]

---

[151] Vgl. Die Bundesregierung: Legislaturbericht Digitale Agenda 2014 – 2017, Berlin 2017, unter: https://www.bundesregierung.de/breg-de/service/publikationen/digitale-agenda-2014-2017-727554 [Stand: 4.3.2020]
[152] Vgl. Ebd.
[153] Ebd.

1. Digitale Infrastrukturen
2. Digitale Wirtschaft und digitales Arbeiten
3. Innovativer Staat
4. Digitale Lebenswelten in der Gesellschaft gestalten
5. Bildung, Forschung, Wissenschaft, Kultur und Medien
6. Sicherheit, Schutz und Vertrauen für Gesellschaft und Wirtschaft
7. Europäische und internationale Dimension der Digitalen Agenda.

Seit 2016 veranstaltet die Bundesregierung einen jährlichen Digital-Gipfel mit wechselnden Schwerpunktthemen.[154] Nach der digitalen Bildung 2016, der Digitalisierung des Gesundheitswesens 2017, der Künstlichen Intelligenz (KI) stand zuletzt im Oktober 2019 das Thema digitale Plattformen im Mittelpunkt dieser Arbeitstreffen.

Digitale Plattformen sind wichtiger Bestandteil unserer Wirtschaft, Medien, Politik und Gesellschaft. Sie bündeln den Zugang zu Waren, Dienstleistungen, Content Informationen und Daten.[155] Sie bringen als Intermediäre Angebot und Nachfrage häufig effektiver zusammen als klassische Geschäftsmodelle und können dadurch bestehende Märkte in neuer Form beflügeln oder völlig neue Märkte schaffen. Gegenüber USA und China hat Deutschland beim Thema digitale Plattformen allerdings noch erheblichen Nachholbedarf.[156]

---

[154] Vgl. dazu: https://www.de.digital/DIGITAL/Redaktion/DE/Dossier/digital-gipfel-2019.html [Stand: 4.3.2020]
[155] Vgl. ebd.
[156] Vgl. z.B. Tobias Kollmann, Holger Schmidt: Deutschland 4.0. Wie die Digitale Transformation gelingt, Wiesbaden 2016, S.75 ff.

Auch Bundesländer sind aktiv: Beispiel Bayern

Auch bei den Bundesländern ist Bewegung bei der Frage entstanden, wie die digitale Zukunft am besten gestaltet werden kann. Der Freistaat Bayern hat sich dabei an die Spitze dieser Bewegung gestellt. Bayern finanziert mit 1,5 Mrd. € den Ausbau eines flächendeckenden Hochgeschwindigkeitsnetzes, das modernstes Breitband zum Standard macht.[157] Dieser Betrag ist ein Vielfaches von dem, was andere Bundesländer investieren. Mit dem Masterplan „BAYERN DIGITAL II" wird das Ziel verfolgt, bis 2025 eine gigabitfähige Infrastruktur überall in Bayern zu schaffen.[158]

Im April 2019 startete die Bayerische Staatsregierung die „Strategie BAYERN DIGITAL".[159] Grundlagen dieser Digitalstrategie sind die Gründung des ersten Ministeriums für Digitalisierung und ein Investitionsvolumen von 6 Mrd. Euro bis 2022. Die bayerische Digitalstrategie sieht zum Beispiel ein neues Kompetenznetzwerk „Künstliche Maschinelle Intelligenz", Initiativen für die Additive Fertigung (3D-Druck), die Nutzung der Blockchain-Technologie oder die vollständige Digitalisierung der wichtigsten Verwaltungsdienstleistungen vor.[160]

---

[157] Vgl. Bayerisches Staatsministerium der Finanzen und für Heimat: Digitale Infrastruktur in Bayern 2019, Breitband-WLAN Bericht, München 2019, S. 3
[158] Ebd. S. 10
[159] Vgl. Bayerische Staatsregierung: Bericht aus der Kabinettssitzung vom 2. April 2019, unter: https://www.bayern.de/bericht-aus-der-kabinettssitzung-vom-2-april-2019/?seite=1617 [Stand: 4.3.2020]
[160] Vgl. ebd.

Industrie 4.0

Ein Schwerpunktbereich der Digitalisierung der Wirtschaft ist die Industrie 4.0. Industrie 4.0 ist die intelligente Vernetzung von Produkten und Prozessen in der industriellen Wertschöpfungskette.[161] Wenn Bauteile eigenständig mit der Produktionsanlage kommunizieren und bei Bedarf selbst eine Reparatur veranlassen, wenn sich Menschen, Maschinen und industrielle Prozesse intelligent vernetzen, sprechen wir von Industrie 4.0.

In der Industrie 4.0 verzahnt sich die Produktion mit modernster Informations- und Kommunikationstechnik.[162] Das ermöglicht maßgeschneiderte Produkte nach individuellen Kundenwünschen, kostengünstig und in hoher Qualität. Die Fabrik der Industrie 4.0 sieht folgendermaßen aus: Intelligente Maschinen koordinieren selbständig Fertigungsprozesse, Service-Roboter kooperieren in der Montage auf intelligente Weise mit Menschen, fahrerlose Transportfahrzeuge erledigen eigenständig Logistikaufträge.

Industrie 4.0 bestimmt dabei die gesamte Lebensphase eines Produktes: Von der Idee über die Entwicklung, Fertigung, Nutzung und Wartung bis hin zum Recycling. Über die „Intelligente Fabrik" hinaus werden Produktions- und Logistikprozesse künftig unternehmensübergreifend vernetzt, um den

---

[161] Vgl. Vereinigung der Bayerischen Wirtschaft e.V. (Hrsg.): Studie: Neue Wertschöpfung durch Digitalisierung, München 2017, S. 21 ff., oder: Bundesministerium für Bildung und Forschung: Zukunftsbild „Industrie 4.0", Bonn 2015, S. 6 ff.
[162] Vgl. auch: Bundesministerium für Wirtschaft und Energie: Industrie 4.0 und Digitale Wirtschaft, Berlin 2015, S. 7 ff.

Materialfluss zu optimieren, um mögliche Fehler möglichst frühzeitig zu erkennen und um hochflexibel auf veränderte Kundenwünsche und Marktbedingungen zu reagieren.

Die „Smart Factory", bei der die Produktion dezentral und im hohen Maße automatisch abläuft, ist zwar häufig noch eine Vision. Aber Beispiele wie das Siemens-Elektronikwerk in Amberg in der Oberpfalz zeigen, dass einige Unternehmen auf diesem Gebiet bereits erhebliche Fortschritte verzeichnen können. In Amberg arbeitet diese digitale, smarte Fabrik fast ohne Fehler. Nur für ein Viertel der Arbeit ist noch der Mensch zuständig, drei Viertel der Wertschöpfung kommt von den Maschinen.[163]

Der Fortschrittsbericht des Bundesministeriums für Wirtschaft und Energie vom März 2019 „Industrie 4.0 gestalten" zeigt auf, dass vieles schon in Bewegung ist, vieles aber noch erarbeitet werden muss.[164]

Zukunftsszenarien für die Industrie 4.0

Die Partner der „Plattform Industrie 4.0" haben sieben Zukunftsszenarien erarbeitet, die ein Bild der Zukunft industrieller Produktion ergeben sollen:[165]

---

[163] Vgl. zu Amberg: Marc Beise, Ulrich Schäfer: Deutschland digital. Unsere Antwort auf das Silicon Valley, Frankfurt am Main 2016, S.118 ff.
[164] Vgl. Bundesministerium für Wirtschaft und Energie: Fortschrittsbericht 2019: Industrie 4.0 gestalten. Souverän. Interoperabel. Nachhaltig, Berlin 2019, S. 6 ff.
[165] Vgl. https://www.bmwi.de/Redaktion/DE/Publikationen/Industrie/digitalisierung-der-industrie.pdf?__blob=publicationFile&v=10 S. 4 [Stand: 5.3.2020]

- **Auftragsgesteuerte Produktion:** Unternehmensübergreifende Fertigungskonzepte auf Basis eines automatisierten Produktionsmarktplatzes ermöglichen die effiziente Fertigung kundenspezifischer Aufträge.
- **Value Based Services:** Virtuelle Plattformen bündeln die Maschinen- und Produktionsdaten und bilden die Basis für bedarfsgerechte Wartungs- und individuelle Serviceangebote.
- **Anwenderunterstützung in der Produktion:** Digitale Assistenzsysteme unterstützen den Menschen in der Produktion und verändern sowohl die Arbeit als auch die Arbeitsorganisation.
- **Transparenz und Wandlungsfähigkeit ausgelieferter Produkte:** Vernetzte Produktionsanlagen lassen sich durch den Hersteller updaten und können so bedarfsgerecht ihr Prozessspektrum an aktuelle Anforderungen anpassen.
- **Wandlungsfähige Fabrik:** Fertigungskompetenzen und Kapazitäten werden in einer stark modularisierten Produktionsanlage vollautomatisiert und auftragsgerecht angepasst und optimiert.
- **Selbstorganisierende, adaptive Logistik:** Flexibilität und Reaktionsgeschwindigkeit industrieller Systeme entlang der gesamten industriellen Lieferkette auf Basis übergreifender und automatisierter Logistiklösungen werden erhöht.
- **Smarte Produktentwicklung für die smarte Produktion:** Produktions- und Produktdaten bei der Entwicklung kundenspezifischer Lösungen werden gezielt und ganzheitlich genutzt.

Diese sieben, von der „Plattform Industrie 4.0" erarbeiteten Zukunftsszenarien sollen sowohl den Unternehmen als auch der Politik, der Wissenschaft und den Arbeitnehmervertretern eine Orientierungshilfe für die koordinierte Gestaltung der digitalen Transformation des Industriestandortes Deutschland geben. Aber: Viel ist noch zu tun. Gegenwärtig ist die Realisierung der Industrie 4.0 noch ein Zukunftsprojekt. Enorme technische und wirtschaftliche Herausforderungen sind zu bewältigen.

Das Bundesministerium für Bildung und Forschung ist in seinem „Zukunftsbild Industrie 4.0" dennoch optimistisch:[166] Der Industriestandort Deutschland besitzt mit seiner Mischung aus öffentlich und privat finanzierter Forschung auf höchstem internationalem Niveau, mit hochinnovativen Anbietern von Produktionstechnologien, mit weltweit führenden Herstellern auf dem Gebiet der eingebetteten Systeme und der spezialisierten Unternehmenssoftware sowie einer dynamischen Branche für IT-Sicherheitstechnologien gute Voraussetzungen für eine wirtschaftliche Pionierrolle beim Aufbau der Industrie 4.0.

---

[166] Bundesministerium für Bildung und Forschung: Zukunftsbild „Industrie 4.0", Bonn 2015, S. 11

10. Medienwelt und Internet: Medienflut und Infostress

1970 war die „alte" Medienwelt mit Fernsehen, Radio, Zeitung und Buch noch überschaubar. Mit dem Internet, PC und Smartphone hat sich eine „neue" Medienwelt eröffnet, die zu kaum vorhersehbaren Veränderungen und Umbrüchen geführt hat.[167] „Digital Natives", die Generationen, die mit den neuen digitalen Technologien aufgewachsen sind, nutzen die „neue" Medienwelt häufig, während die „alten Offliner" noch eine starke Zurückhaltung in der Benutzung der „neuen" Medienwelt zeigen. Diese Spaltung dürfte die Medienwelt aufgrund der demografischen Zusammensetzung der deutschen Bevölkerung noch zwei bis drei Jahrzehnte prägen.

1970 hätte niemand die rasante Entwicklung von Internet und später Smartphone auch nur annähernd voraussagen können. 1970 gab es in Deutschland nur 11.000 klobige und teure Funktelefone.[168] Erst in den 1990er Jahren begannen das Internet und das World Wide Web sich rasant auszubreiten. Ursprünglich gingen das Internet und später das World Wide Web aus dem 1969 entwickelten ARPAnet hervor, einem Projekt der Advanced Research Project Agency (ARPA) des Verteidigungsministeriums der Vereinigten Staaten.[169]

---

[167] Einen umfassenden Überblick über die Medienlandschaft Deutschland gibt Wolfram Schrag. Vgl.: Wolfram Schrag: Medienlandschaft Deutschland, hrsg. von der Bayerischen Landeszentrale für politische Bildungsarbeit, 2. Aufl., München 2018

[168] Vgl.: https://www.telespiegel.de/wissen/mobilfunknetze-deutschland/ [Stand: 9.3.2020]

[169] Vgl. z.B.: Simon Hülsbömer: Wie das Internet zur Welt kam, unter: https://www.computerwoche.de/a/wie-das-internet-zur-welt-kam,1901302 [Stand: 9.3.2020]

Erste Smartphones gab es zwar bereits in den späten 1990er Jahren, aber erst mit der Einführung des iPhones mit seiner Multitouch-Bedienoberfläche im Jahr 2007 gewannen sie nennenswerte Marktanteile. 2018 betrug der Anteil der Smartphone-Nutzer an der Bevölkerung in Deutschland rund 81 Prozent.[170] 2012 lag dieser Anteil erst bei 36 Prozent.[171] Besonders bei Jugendlichen gehört die Benutzung des Smartphones zum unverzichtbaren Alltag. 97 Prozent der Jugendlichen zwischen 12 und 19 Jahren besitzen bereits ein Smartphone.[172]

Smartphones als „Alleskönner"

Smartphones sind inzwischen fast zum „Alleskönner" geworden:[173] Sie sind Kommunikationszentrale (Mobiltelefone, Webbrowser, E-Mail, SMS, MMS sowie IP-Telefonie, Instant-Messaging und Chat, teilweise auch Fax, Video-Telefonie und Konferenz-Schaltungen), Personal Information Manager mit Adressbuch, Terminkalender, Geburtstagslisten, Notizblock etc., aber auch Diktiergerät und Datenspeicher. Smartphones haben Medienfunktionen mit Mediaplayer, Radio, Bildbetrachter, Foto- und Videokamera, sind

---

[170] Vgl. https://de.statista.com/statistik/daten/studie/585883/umfrage/anteil-der-smartphone-nutzer-in-deutschland/ [Stand: 9.3.2020]
[171] Ebd.
[172] Vgl. Landesmedienzentrale Baden-Württemberg: Das Smartphone - ein multimedialer Alleskönner: unter: https://www.lmz-bw.de/medien-und-bildung/jugendmedienschutz/smartphones-apps/das-smartphone-ein-multimedialer-alleskoenner/#footnote-1 [Stand: 9.3.2020]
[173] Ebd.

Spiele-Plattform/mobile Spielekonsolen, verfügen über Navigationssysteme einschließlich standortbezogener Dienste wie mobile Umgebungssuche und sind mobile Zugangsgeräte zu IT-Diensten und Servern.

Welche Rolle Smartphones in den nächsten Jahrzehnten spielen und ob es sie in dieser Form dann überhaupt aufgrund der rasanten Entwicklungen in der Informations- und Kommunikationstechnik noch gibt, kann heute keiner seriös voraussagen. Experten sehen zumindest für das nächste Jahrzehnt aber noch genügend Spielraum für weitere Entwicklungen der Smartphones.[174] Smartphones werden künftig vor allem noch wesentlich stärker mit anderen Geräten vernetzt werden: Zum Beispiel mit unserem Auto, mit Smartwatches, die unseren Puls messen oder mit Wearables, Kleidung, die zum Beispiel über Schweiß unsere Fitness untersucht.

Durch stärkere Prozessoren, bessere Vernetzung und Innovationen übernehmen Smartphones immer mehr Funktionen wie mobiles Bezahlen oder Smart-Home-Steuerung. Auch mobile Anwendungen der Virtual-Reality-Brillen, die derzeit noch wegen Akkukapazitäten und Rechenleistungsgrenzen eingeengt sind, sind in der Entwicklung, ebenso wie Geräte mit biegsamen Displays, die wir als Uhr an der Hand tragen, dann einfach auffalten

---

[174] Vgl. z.B.: Nadine Schimroszik: Neue Trends bringen Smartphones ins nächste Jahrzehnt, unter: https://de.reuters.com/article/deutschland-ifa-smartphones-id-DEKCN1LG161 [Stand: 9.3.2020]

oder aufklappen und zum Smartphone machen oder auf die Größe eines Tablets ausfahren.[175]

Fernsehen und Radio bleiben Eckpfeiler der Medienwelt

Internet und Smartphone haben die „alte" Medienwelt zwar „aufgewirbelt". Erstaunlich ist allerdings, dass Fernsehen und Radio nach wie vor wichtige Eckpfeiler der Medienwelt darstellen. Von ARD und ZDF wurde zum elften Mal die Langzeitstudie Massenkommunikation in Auftrag gegeben.[176] Diese Studie untersucht seit über 50 Jahren die Mediennutzung in Deutschland. Im Mittelpunkt der Studie Massenkommunikation steht die Nutzung der tagesaktuellen Medien Fernsehen, Radio, Tageszeitung und Internet. Als weitere Medien werden Zeitschriften, Bücher sowie Speichermedien für Audio und Video erfasst.

An einem durchschnittlichen Wochentag verbringt die Bevölkerung ab 14 Jahren in Deutschland rund 9,5 Stunden mit Medien.[177] Dies ist ein Wert, den man im ersten Moment so gar nicht glauben möchte. Zwar handelt es sich dabei um einen Bruttowert, das heißt, dass die Parallelnutzung mehre-

---

[175] Vgl. z.B.: Eike Kühl: Flexible Displays. Schatz, roll schon mal den Fernseher aus, unter: https://www.zeit.de/digital/mobil/2018-01/flexible-displays-ces-2018-las-vegas-fernseher-smartphone/seite-2 [Stand: 9.3.2020]
[176] Die „ARD/ZDF-Massenkommunikation Langzeitstudie" erscheint im Fünfjahresrhythmus, zuletzt im Jahr 2015. Vgl. https://www.ard-werbung.de/media-perspektiven/studien/langzeitstudie-massenkommunikation/ [Stand: 9.3.2020]
[177] Vgl. im Folgenden ebd.

rer Medien gleichzeitig (z.B. im Internet surfen und dabei Radio hören) darin inbegriffen ist. Der Nettowert liegt aber mit 8,5 Stunden pro durchschnittlichen Wochentag immer noch sehr hoch.

Die tägliche Mediennutzungsdauer von rund 9,5 Stunden (brutto) verteilt sich folgendermaßen auf die einzelnen Medien: Fernsehen (208 Minuten) und Radio (173 Minuten) bleiben in der Gesamtbevölkerung die nutzungsstärksten Medien. Auf Rang 3 folgt das Internet (107 Minuten). Während die Nutzung von Tonträgern (24 Minuten) seit geraumer Zeit zurückgeht, ist das Lesen der Tageszeitung (23 Minuten) stabil geblieben. Leicht rückläufig ist die Lektüre von Büchern (19 Minuten). Zeitschriften und Video/DVD (jeweils 6 Minuten) spielen bei der täglichen Mediennutzung eine untergeordnete Rolle.

Interessant ist die Mediennutzung im Tagesablauf: Während das Radio (am Morgen und Vormittag) und vor allem das Fernsehen (am Abend) eindeutige Nutzungspeaks aufweisen, verteilt sich die Internetnutzung ab ca. 8.00 Uhr morgens über den gesamten Tag bis ca. 22.00 Uhr, ohne dass sich einzelne Nutzungsspitzen herauskristallisieren.

In der Gesamtbevölkerung sind von 107 Minuten täglicher Internetnutzung 81 Minuten Kommunikation, Spiele, Shopping, Suchanwendungen etc. Die restlichen 26 Minuten Mediennutzung über das Internet entfallen auf jeweils 3 Minuten Fernsehen und weitere Videos, 2 Minuten Radio und 3 Minuten weitere Audiodateien, 4 Minuten Tageszeitung und 10 Minuten weitere Nachrichten (mit Rundungsdifferenzen ergeben sich 26 Minuten).

Es überrascht nicht, dass bei den 14- bis 29-Jährigen, die zweifelsohne zu den „Digital Natives" gehören, das Internet mit einer täglichen Nutzung von 187 Minuten inzwischen an der Spitze der Mediennutzung in dieser Altersgruppe liegt. Davon entfallen 139 Minuten auf Kommunikation, Spiele, Shopping, Suchanwendungen etc.

Die starke Stellung des Internets in dieser Altersgruppe ist auch eine Hauptursache dafür, dass unter den 14- bis 29-Jährigen nur noch 15 Prozent täglich eine gedruckte Tageszeitung lesen. Im Jahr 2000 waren es noch 36 Prozent. Dies wird sich in Zukunft nicht unerheblich auf die Geschäftsmodelle der Verleger und auf die Arbeit der Journalisten auswirken, da die elektronischen Medien immer mehr vordrängen.

Die Studie Massenkommunikation zeigt auf, dass die „alten" Medien Fernsehen und Radio von über 80 Prozent der Bevölkerung auch als Medien mit Zukunft eingeschätzt werden. Für beide Medien sind Hauptnutzungsmotive Information, Spaß und Entspannung. Für beide Medien bleibt auch künftig Regionales wichtig.

Zukunft des Fernsehens

Zum Zukunftsszenario des Fernsehens gehört, dass 90 Prozent der Befragten der Meinung sind, dass es Kanäle mit „Leuchtturmfunktion" geben wird und dass die zeit- und ortsungebundene TV-Nutzung zunehmen wird. Wie sieht denn der Zukunftsforscher Horst W. Opaschowski die Zukunft des Fernsehens? Nachfolgend einige seiner Thesen:[178]

- TV-Sendungen werden kürzer als Reaktion auf die gewandelten Konsumgewohnheiten der Zuschauer: „Mehr erleben in gleicher Zeit". Insbesondere Vorabend-Programme können zum Fast-Food-TV im Halbstunden-Rhythmus werden. Für langatmige und nachdenkliche Sendungen bleibt wenig Spielraum – von Event-Sendungen (z.B. Sportübertragungen) einmal abgesehen.

- Zuschauer sind TV-Hopper und TV-Zapper zugleich, die von einem Kanal zum anderen springen und langweilige Sendungen per Knopfdruck einfach „abschießen".

- Die Treue zu TV-Sendern („ARD", „ZDF", „RTL" u.a.) und TV-Sendungen („Tagesschau", „Sportschau" u.a.) lässt weiter nach. Sender und Programme werden austauschbar.

- Das Fernsehen altert. Die Privatsender definieren ihre werberelevante Zielgruppe von 14 bis 49 auf 14 bis 59 Jahre oder mehr Jahre um. Die Werbewirtschaft stellt sich notgedrungen auf die „Silver-Generation", die „Master Consumer" und „Best Ager" ein.

- TV pur ist passé. „Nur fernsehen" geht weiter zurück, während immer mehr Nebenbeschäftigungen hinzukommen. So nehmen nicht nur die Umschalt-, sondern auch die inneren Abschaltquoten auf breiter Ebene zu.

---

[178] Vgl. Horst W. Opaschowski: Deutschland 2030. Wie wir in Zukunft leben, Gütersloh 2013, S. 271 ff.

- Fernsehen, Computer und Smartphone wachsen zusammen und wandeln sich zum Multimedium für TV-Programme, Computerspiele, Internet-Surfen, Fotoauswertung, Bildtelefon und anderes mehr.

Wandel der Mediennutzung

Der rasante Wandel der Mediennutzung ist offensichtlich. Mit der wachsenden technischen Leistungsfähigkeit und der damit verbundenen Konvergenz der Medien verschwimmen die Nutzungsgrenzen zwischen Fernsehen, Radio und Internet sowie zwischen linearem Fernsehen und Online-Abrufdiensten.[179] Neue Verbreitungswege und Plattformen und eine breite Palette an mobilen und stationären Endgeräten ermöglichen diese neue Mediennachfrage. Viele Nutzer, zunächst vor allem die Jüngeren, nehmen diese Angebote gerne an.

Eine Studie des Verbandes Deutscher Kabelnetzbetreiber (ANGA) „Medienkonsum der Zukunft" hat fünf Trends identifiziert, die innovative Möglichkeiten des zukünftigen Medienkonsums mit sich bringen:[180]

- Individualisierung und Personalisierung verlangen nach neuer Orientierung und neuen Services: Neben die klassische TV-Nutzung tritt zunehmend ein Medienkonsum unabhängig von Ort und Zeit. Insbesondere jüngere Medienrezipienten lösen sich zunehmend

---

[179] Vgl. auch: Wolfram Schrag: Medienlandschaft Deutschland, hrsg., von der Bayerischen Landeszentrale für politische Bildungsarbeit, 2. Aufl., München 2018, S. 16 ff.
[180] Vgl. im Folgenden: Verband Deutscher Kabelnetzbetreiber (ANGA): Medienkonsum der Zukunft, Berlin 2015, S. 3 ff.

vom linearen Programmschema des klassischen Fernsehens und gestalten ihren Medienkonsum mithilfe von onlinebasierten Diensten frei.

- Nutzer werden plattformunabhängiger, zugleich etablieren sich neue Plattformen: Internetbasierte Streamingdienste und Videoportale erfreuen sich zunehmender Beliebtheit. Diese onlinebasierten Dienste, zu denen auch Video-on-Demand-Angebote (VoD) zählen, ermöglichen den zeitunabhängigen Abruf von Filmen, Serien und anderen TV-Inhalten.

- TV-Everywhere: Bewegtbild wird auf allen Endgeräten verfügbar: 56 Prozent der Befragten geben an, dass sie bereits Fernsehen/Videos auch auf Smartphone, Tablet oder Laptop anschauen.

- Second-Screen-Siegeszug führt zum Verlust der TV-Alleinstellung: Mit der Verbreitung mobiler, internetfähiger Geräte wächst die parallele Nutzung von TV und Internet. Im Rahmen dieser Multi-Screen-Nutzung wird von 56 Prozent der Deutschen häufig ein internetfähiges Endgerät (Second Screen) parallel zum laufenden Fernsehprogramm (First Screen) genutzt. Dabei wird vor allem mit Freunden und Bekannten via E-Mail, Instant Messenger oder sozialen Netzwerken kommuniziert.

- Steigende Nachfrage nach Pay-TV und HD: Deutschland mag es scharf und smart! Pay-TV-Angebote gehören mit zu den am stärksten nachgefragten Fernsehangeboten von Kabelnetzbetreibern. Auch hochauflösende TV-Programme sind zunehmend beliebt. Die neue Generation hochauflösender Fernsehbilder in Ultra-HD bzw. 4k steht bereits in den Startlöchern. Darüber hinaus bringen innovative Interfaces, 3D-Fernsehen sowie Augmented-Reality-Brillen, die die reale und die virtuelle Welt vermischen, neue Möglichkeiten für das Fernseherlebnis mit sich.

Infostress durch Medienflut

Viel ist in Bewegung in der Medienwelt und im Internet. Aber die kaum mehr überschaubare Medienflut produziert auch Infostress. Viele fühlen sich von der Medienflut förmlich überrollt. Gerade das Internet und das Smartphone lösen für viele Nutzer durch die permanente Erreichbarkeit in Verbindung mit dem Bestreben, keine Information oder Nachricht zu verpassen, Stress aus.

Die Drogenbeauftragte der Bundesregierung beim Bundesministerium für Gesundheit weist in ihrem Drogen- und Suchtbericht auf die Risiken einer exzessiven Nutzung von Computerspielen, Internet und Smartphone hin.[181] Mehr als jeder zweite Erwerbstätige in Deutschland (56,1 Prozent) spielt Computerspiele. 6,5 Prozent der Erwerbstätigen gelten als riskante Gamer. Das heißt: 2,6 Millionen Beschäftigte zeigen ein auffälliges Nutzungsverhalten.[182]

---

[181] Vgl. Die Drogenbeauftragte der Bundesregierung beim Bundesministerium für Gesundheit: Drogen- und Suchtbericht 2019, Berlin 2019, S. 104 ff.
[182] Ebd. S. 107

Bei den Kindern und Jugendlichen zwischen 12 und 17 Jahren spielen 72,5 Prozent regelmäßig Computerspiele wie Fortnite, FIFA oder Minecraft.[183] Das sind hochgerechnet mehr als drei Millionen Minderjährige. Davon sind 15,4 Prozent oder 465.000 Kinder und Jugendliche Risikogamer, zeigen also ein riskantes oder pathologisches Spielverhalten. Der Weg dorthin ist kurz: Wer permanent im Internet unterwegs ist und dabei Freunde, Familie und Hobbys vernachlässigt, kann schnell suchtgefährdet werden.

Die Medienflut wird in Zukunft sicher nicht aufzuhalten sein. Umso dringlicher wird daher die Erziehung zur Medienkompetenz für Kinder und Jugendliche werden. Aber auch viele Erwachsene müssen sich verstärkt die Frage stellen, wie sie den Stress der Medienflut besser mit ihrer Gesundheit und mit ihrer Lebensqualität in Einklang bringen.

Das Internet stellt uns zwar fast unbegrenzte Chancen und Möglichkeiten zur Verfügung. Jetzt und in Zukunft müssen aber auch zahlreiche Fragen wie Daten-, Jugend- oder Verbraucherschutz gelöst werden. Ein Beispiel hierzu, das das Bundesministerium für Familie, Senioren, Frauen und Jugend benennt:[184] Die Nutzungsbedingungen von sozialen Netzwerken und deren zunehmende Beliebtheit und Verbreitung führen häufig gerade bei jüngeren Nutzerinnen und Nutzern dazu, dass diese die Preisgabe von Daten in Kauf nehmen.

---

[183] Vgl. ebd. 106 f.
[184] Vgl. dazu: Bundesministerium für Familie, Senioren, Frauen und Jugend: Bericht zum Thema „Wertewandel in der Jugend und anderen gesellschaftlichen Gruppen durch Digitalisierung", Berlin 2016, S.3 ff.

Auch eine exzessive Nutzung bis hin zu onlinebasiertem Suchtverhalten wird durch die Allgegenwart und Gestaltung der Angebote begünstigt. Cybergewalt, Cybermobbing, Cyberstalking und Cybersexismus sind oft die Fortsetzung der Gewalt im realen Raum mit digitalen Mitteln. Gerade Frauen und Mädchen sind hiervon in besonderem Maße betroffen.[185] Aufgrund der räumlichen und zeitlichen Entgrenzung des Netzes entfaltet Cybergewalt eine besondere Wirkung im Hinblick auf die psychische Belastung der Betroffenen. Nicht selten erscheint dem Opfer das Netz mächtiger als die Täterin oder der Täter selbst. Die konsequente Verfolgung von Cybergewalt und von Hass im Netz ist eine große, noch ungelöste Herausforderung.

Ein weiteres gravierendes Problem des Internets, das zukünftig besser gelöst werden muss, sind Hackerangriffe.[186] Dies betrifft PCs, Laptops, Tablets und Smartphones, die trotz Virenscannern und anderen Sicherungssystemen angreifbar sind. Noch unsicherer sind allerdings Webkameras, Drucker, Router und Smart-TVs, die vielfach ungesichert sind. Da sie im globalen Netz sind, können Fremde aus der Ferne auf sie zugreifen. Viele sind entweder gar nicht mit einem Passwort geschützt oder mit einem, das Hacker in Windeseile knacken können.

---

[185] Ebd. S. 4
[186] Vgl. z.B. Thomas Kuhn: Die fünf gefährlichsten Hacker-Strategien 2020, unter: https://www.wiwo.de/technologie/digitale-welt/cybersecurity-die-fuenf-gefaehrlichsten-hacker-strategien-2020/25357982.html [Stand: 9.3.2020]; oder: https://www.t-online.de/digital/sicherheit/id_81460850/hacker-angriff-fuenf-anzeichen-dass-ihr-pc-betroffen-ist.html [Stand: 9.3.2020]

Hacker können somit Zugriff auf private Daten gewinnen, Spähangriffe in Lagerhallen oder Wohnräumen durchführen, sie können in die private Smart-Home-Steuerung eingreifen oder autonomes Fahren manipulieren. Auch können sie durch sogenannte „Bot-Netze", also Schwärmen von Schadprogrammen, das Netz durch den Zugriff auf Zehn- oder Hunderttausende oder mehr schlecht geschützte Geräte erschüttern.

Das Internet der Zukunft wird also – trotz der unbestreitbar großen Vorteile – zwingend von der erfolgreichen Lösung derartiger Probleme abhängen. Einem Problem müssen wir uns aber auch in Zukunft stellen, das der Trend- und Zukunftsforscher John Naisbitt schon 1982 in seinem Buch „Megatrends"[187] formuliert hat: „Wir ertrinken in Informationen, aber wir hungern nach Wissen".

---

[187] John Naisbitt: Megatrends: Ten New Directions Transforming Our Lives, New York 1982

11. Medizin und Gesundheit machen Fortschritte

Medizin und Gesundheit: Megathemen, die in der Zukunft einen noch höheren Stellenwert haben werden. Nie zuvor hat die Medizin so rasante Fortschritte gemacht wie heute.[188] Bei Herzoperationen können Chirurgen darauf verzichten, den Brustkorb zu öffnen. Die Entfernung einer Niere verläuft künftig ohne Narben. Die schonenden Schlüsselloch-OPs überspringen Hürden, die noch vor wenigen Jahren als unüberwindlich galten. In der Krebsforschung und Krebsbehandlung und in vielen anderen Bereichen konnten wichtige Fortschritte erzielt werden.

Gezielte Prävention, Nutzung der digitalen Möglichkeiten und Personalisierte oder Individualisierte Medizin stehen für die Zukunft im Vordergrund. Dies gilt ganz besonders für Herz-Kreislauf-Erkrankungen und Krebserkrankungen, die nach wie vor zu den häufigsten Todesursachen in Deutschland gehören. Das Statistische Bundesamt nennt als die zehn häufigsten Todesursachen in der Reihenfolge der Häufigkeit ihres Eintretens folgende:[189] Mangelnde Durchblutung des Herzmuskels, Akuter Herzinfarkt, Lungen-

---

[188] Vgl. zum Bespiel: Hans Haller: Traum vom ewigen Leben, unter: https://www.spiegel.de/spiegel/print/d-10932954.html [Stand: 11.3.2020]; oder: https://www.gesundheit10.de/rasanter-fortschritt-in-der-medizin-retten-leben/ [Stand: 11.3.2020]
[189] Vgl. Statistisches Bundesamt: Häufigste Todesursachen 2017, unter: https://www.google.com/search?q=statistisches+bundesamt+sterbef%C3%A4lle+nach+den+10+h%C3%A4ufigsten+todesursachen&oq=st&aqs=chrome.0.69i59l2j69i57j69i59j0l4.3364j0j8&sourceid=chrome&ie=UTF-8 [Stand: 11.3.2020]

und Bronchialkrebs, nicht näher bezeichnete Demenz, Herzschwäche, Sonstige chronische Lungenkrankheiten, Hypertensive Herzkrankheit, Vorhofflimmern, Lungenentzündung, Brustdrüsenkrebs. Soweit die Hauptursachen für die 2018 über 954.000 Todesfälle[190] in Deutschland.

In nur 100 Jahren haben wir – auch dank der Ergebnisse der Gesundheitsforschung und großer Fortschritte in der Gesundheitsversorgung – eine um 30 Jahre gestiegene Lebenserwartung gewonnen, Tendenz steigend. Trotz eines aktuell hohen medizinischen, technischen und pharmazeutischen Versorgungsniveaus in Deutschland besteht ein Grundproblem der Medizin aber auch heute noch darin, spezifische Behandlungsverfahren zu entwickeln, die bei jedem einzelnen Patienten optimal wirksam sind und so wenig Nebenwirkungen wie möglich hervorrufen.

Individualisierte Medizin

Das Bundesministerium für Bildung und Forschung weist in seinem „Aktionsplan Individualisierte Medizin"[191] darauf hin, dass in Abhängigkeit von genetischen Grundlagen, Geschlecht, Alter oder Mehrfacherkrankungen die Wirksamkeit eines Behandlungsverfahrens bis zur Unwirksamkeit abnehmen und/oder das Risiko unerwünschter Nebenwirkungen deutlich zunehmen kann. Heute sprechen je nach Erkrankung nur 25 Prozent bis 70 Prozent der Patienten auf die verabreichten Medikamente an. Allein für die

---

[190] https://de.statista.com/statistik/daten/studie/156902/umfrage/sterbefaelle-in-deutschland/ [Stand: 11.3.2020]
[191] Bundesministerium für Bildung und Forschung: Aktionsplan Individualisierte Medizin. Ein neuer Weg in Forschung und Gesundheitsversorgung, Berlin 2013, S. 3 ff.

Behandlung unerwünschter Nebenwirkungen werden in Deutschland rund 2,5 Milliarden Euro jährlich ausgegeben.[192]

Hier kann die Personalisierte bzw. Individualisierte Medizin künftig wichtige Fortschritte ermöglichen.[193] Auch wenn die Forschung noch vor großen Herausforderungen steht, sind die Voraussetzungen für nachhaltige Erfolge auf dem Weg zu einer Individualisierten Medizin heute besser denn je: Mit der vollständigen Aufschlüsselung des menschlichen Genoms durch die rasante Entwicklung der Sequenziertechnologie und anderer Verfahren zur Analyse von Biomaterialien (zum Beispiel Blut, Zellen oder Tumorgewebe) sind die Grundlagen für ein besseres Verständnis der Entstehung von Krankheiten sowie deren Prävention, Diagnose und Behandlung geschaffen.[194]

Durch bioinformatische Verarbeitung und systematische Betrachtung vorhandener Daten sind bereits wichtige Bausteine für eine Individualisierte Medizin entstanden. Dabei ist die Entwicklung von maßgeschneiderten Behandlungsansätzen in der Onkologie am weitesten fortgeschritten. Auch in der kardiovaskulären Medizin, der Neurologie, der Infektiologie und bei metabolischen Erkrankungen sind ähnliche Ansätze festzustellen.

---

[192] Ebd. S. 4
[193] Vgl. auch Prognos AG: Gesundheit und Medizin – Herausforderungen und Chancen, hrsg. von der Vereinigung der Bayerischen Wirtschaft, München 2018, S. 49 ff.
[194] Vgl. hierzu und im Folgenden: Bundesministerium für Bildung und Forschung: Aktionsplan Individualisierte Medizin. Ein neuer Weg in Forschung und Gesundheitsversorgung, Berlin 2013, S. 4 ff.

Die Individualisierte Medizin besitzt das Potenzial, eine neue Qualität in die Versorgung der Patienten zu bringen.[195] Krebs, Bluthochdruck oder Alzheimer werden in Zukunft durch molekulare Parameter genauer definierbar. Nicht eine Krankheit, sondern der erkrankte Mensch mit seinen individuellen Eigenschaften und Voraussetzungen bildet den Ausgangspunkt für medizinische Interventionen.

Für viele Patienten bietet bereits eine schnelle, zutreffende Diagnose eine deutliche Verbesserung im Vergleich zur heutigen Situation: Die genaue Bestimmung und Klassifizierung einer Erkrankung kann mit langwierigen, belastenden Untersuchungen verbunden sein. Bestehende Diagnostika liefern nicht immer hinreichend eindeutige Ergebnisse. Dies bedeutet neben physischen und psychischen Belastungen auch einen Zeitverlust und damit ein Fortschreiten der Erkrankung bis zum Beginn einer geeigneten Therapie.

Im Anschluss an eine hochspezifische Diagnose aufgrund der Individualisierten Medizin können Patienten dann präzise entsprechend ihrer molekularen Signatur und weiterer Einflussfaktoren behandelt werden. Für die medizinische Versorgung ergeben sich durch die Personalisierte oder Individualisierte Medizin nach Auffassung des Bundesforschungsministeriums künftig konkret folgende Perspektiven:[196]

---

[195] Vgl. weiter ebd.
[196] Ebd. S. 5 ff.

Krankheiten gezielt vorbeugen

Immer mehr Risikofaktoren können präzise für jeden Einzelnen bestimmt werden. Das Ziel ist, auf Basis dieser Informationen durch geeignete Maßnahmen dem Ausbruch von Erkrankungen vorzubeugen beziehungsweise diesen zeitlich zu verzögern oder abzumildern. So könnten im Rahmen von Vorsorgeuntersuchungen die individuellen Parameter erfasst und für jeden Einzelnen ein „Präventionsmodell" entwickelt werden. Mithilfe dieses Modells würden Vorschläge zur Vermeidung von Krankheiten simuliert und dann geeignete Maßnahmen empfohlen.

Krankheiten frühzeitig erkennen und behandeln

Die Früherkennung soll durch eine auf individuelle Faktoren ausgerichtete Diagnostik deutlich verbessert werden. Sie schließt neben neu zu entwickelnden Biomarkern auch etablierte Methoden wie die Bildgebung und weitere diagnostische Verfahren ein. Durch eine eindeutige Zuordnung von ersten Krankheitsanzeichen soll eine frühzeitige Bestimmung einer Erkrankung und damit eine passgenaue Intervention möglichst zu Beginn oder sogar noch vor Ausbruch der Krankheit erreicht werden. Der Patient erhält – bereits bevor er eindeutige Symptome verspürt – eine gezielte Behandlung. Das Krankheitsleid wird gemindert und eine Heilung wird wahrscheinlicher.

Diagnostik präzisieren und wirksamere Therapien ableiten

Die engere Verzahnung von Diagnostik und Therapie – auch Theragnostik genannt – ermöglicht einerseits die Entscheidung über den Einsatz einer bestimmten Therapie sowie andererseits eine Überwachung der Dosierung und Wirkung von Heilverfahren im Rahmen der Therapiebegleitung. Muss der Arzt heute oft noch über „Versuch und Irrtum" die für den Patienten geeignete Behandlung erproben, kann er zukünftig mit sehr viel höherer Wahrscheinlichkeit eine wirksame Therapie verordnen. Dem Patienten bleiben unwirksame Behandlungen und unerwünschte Nebenwirkungen erspart.

Neue Therapieverfahren und Therapieprodukte entwickeln

Für viele Erkrankungen stehen heute noch keine ursächlich wirkenden Behandlungsverfahren zur Verfügung. Neu entwickelte Arzneimittel und Heilverfahren könnten von der Frühversorgung bis zur Nachsorge einer Erkrankung patientenspezifischer eingesetzt werden. Als erster Schritt könnten bereits etablierte Verfahren auf ihre Wirksamkeit getestet werden, bevor das Medikament überhaupt verabreicht wird. Das Ziel ist eine deutlich verbesserte Wirkung von Behandlungsverfahren und Arzneimitteln bei Minimierung der Nebenwirkungen – insbesondere bei multimorbiden Patienten.

Alles in Allem: Die Personalisierte beziehungsweise Individualisierte Medizin eröffnet für die Zukunft große Chancen für unsere Gesundheit. Nur dürfen wir den enormen Forschungsaufwand nicht unterschätzen, der notwendig ist, bis wir all diese Ziele erreichen können. Bis zur Routineanwendung müssen noch Fragen zu Wirksamkeit, Nutzen, Wirtschaftlichkeit, Sicherheit, Normung und Standardisierung durch entsprechende Studien beantwortet werden. Des Weiteren müsste das Potenzial an Chancen und Risiken im Bereich der Individualisierten Medizin im Hinblick auf Patientenautonomie, Nichtdiskriminierung und Verteilungsgerechtigkeit untersucht werden.

Neue Chancen durch Digitalisierung

Wesentliche Chancen für die moderne Medizin bietet auch die Digitalisierung.[197] Digitale Entwicklungen können die Errungenschaften aus Informationstechnologie und Medizintechnik gezielt zusammenführen. Sie besitzen das große Potenzial, die Gesundheitsversorgung effizienter zu gestalten und Diagnostik und Therapien entscheidend zu verbessern. Zukünftig sollen schnellere, präzisere und schonendere Verfahren zur Verfügung stehen, die zur Lebensrettung, Behandlung und Heilung von Patientinnen und Patienten dienen oder die Lebensqualität Betroffener sowie ihrer Angehörigen erhöhen.

Die Prognos AG weist in ihrer Studie „Gesundheit und Medizin – Herausforderungen und Chancen"[198] darauf hin, dass die Nutzung fortschrittlicher digitaler Methoden für die künftige Gesundheitsversorgung zentral und unabdingbar ist. Der Auf- und Ausbau einer adäquaten Telematik-Infrastruktur kann z. B. den Datenaustausch zwischen den verschiedenen Leistungserbringern im Gesundheitswesen revolutionieren. Unnötige Mehrfachbehandlungen können so verhindert, Therapien und Behandlungskonzepte

---

[197] Vgl. im Folgenden: Bundesministerium für Bildung und Forschung: Digitalisierung in der Medizintechnik, Berlin 2020, S. 3 ff.
[198] Prognos AG: Gesundheit und Medizin – Herausforderungen und Chancen, hrsg. von der Vereinigung der Bayerischen Wirtschaft, München 2018, S. 48 ff.

verbessert und die Versorgungsqualität insgesamt optimiert werden. Die Digitalisierung macht es möglich, die gigantischen Datenmengen, die im Gesundheitswesen anfallen, zielgerichtet zu analysieren (Big-Data-Analyse) und so die Datenbasis für medizinische Forschung, Diagnose und Therapie zu verbessern.

Eine zentrale Voraussetzung für den zielgerichteten Einsatz der Digitalisierung im Gesundheitswesen ist eine elektronische Gesundheits- oder Patientenakte. Eine wesentliche Hürde bei der Entwicklung der elektronischen Patientenakte besteht bislang in Datenschutzbedenken.[199] Hier muss der Gesetzgeber prüfen, wie ein adäquater Schutz der individuellen und sensiblen Gesundheitsdaten sichergestellt werden kann, ohne dabei technisch mögliche Innovationen auszubremsen.

Wachsende Bedeutung der Medizintechnik

Werfen wir einen Blick auf den Stand der Medizintechnik, die eine wichtige und in Zukunft weiterwachsende Rolle in der Gesundheitsversorgung spielt. Hier existieren bereits zahlreiche Anwendungen mit langfristig großem Ausbaupotenzial. Das VDI-Technologiezentrum nennt in seiner Untersuchung „Forschungs- und Technologieperspektiven 2030" folgende interessante Anwendungen:[200]

- Implantate aus biologischen Materialien, zum Beispiel ein Implantat aus Hydrogel zum Einsatz in den Bandscheiben der Halswirbelsäule,

---

[199] Vgl. ebd. S. 102 f
[200] VDI Technologiezentrum: Forschungs- und Technologieperspektiven 2030, Ergebnisband 2 zur Suchphase von BMBF-Foresight Zyklus II, Düsseldorf 2015, S. 64

- „Point of Care Testing (POCT)", zum Beispiel die mobile Bestimmung von Blutglukose, Metaboliten und Enzymen, Blutgas- und Elektrolytanalytik sowie Allergie- und Erregerdiagnostik,
- Hightech-Prothesen, zum Beispiel Hightech-Beine und Hightech-Greifarme,
- Apps zur OP-Unterstützung, zum Beispiel eine Tablet-App zur Planung und Unterstützung von Leber-Operationen,
- Digitale Bildkommunikations- und Archivierungssysteme zur Speicherung und zum Austausch von Bildern der bildgebenden Diagnostik zwischen Leistungserbringern,
- Teleradiologie, zum Beispiel bildgebende Untersuchung, bei der sich der Radiologe nicht am Ort der Durchführung befindet.

Für die Entwicklungen in der Medizintechnik wird in den kommenden Jahren der Kostendruck im Gesundheitswesen prägend sein.[201] Das heißt, aus technologischer Sicht sind viele Neuentwicklungen denkbar, jedoch wird die tatsächliche Dynamik auch von Fragen der Kostenerstattung abhängen, da im Gesundheitswesen stärker als bisher nach dem Mehrwert neuer Lösungen gefragt wird.

Welche Einstellungen haben die Deutschen zu den Zukunftstechnologien in Gesundheit und Pflege? Hierzu hat das Meinungsforschungsinstitut TNS Emnid im Auftrag des Bundesministeriums für Bildung und Forschung im

---

[201] Ebd.

Rahmen eines „ZukunftsMonitors" 1000 persönliche Interviews durchgeführt. Insgesamt zeigen viele der Befragten wenige Berührungsängste, wenn es um neue Technologien im Gesundheits- und Pflegebereich geht.[202]

Von Robotern gepflegt werden?

So kann sich bereits jeder vierte Deutsche vorstellen, von Robotern gepflegt zu werden. Auch Implantate zur Steigerung der geistigen Fähigkeiten hält jeder zweite Deutsche für denkbar. In der Medizin werden sogenannte neuronale Implantate derzeit bereits verwendet, um verloren gegangene Körperfunktionen, wie etwa den Gehörsinn wiederherzustellen. Noch ist es Zukunftsmusik, auch geistige Fähigkeiten, wie die Gedächtnisleistung oder die Konzentration, auf diese Weise zu verbessern. Sollte diese Möglichkeit eines Tages bestehen, würden zahlreiche Menschen auf sie zurückgreifen, wie der ZukunftsMonitor zeigte.

Insgesamt sehen die Befragten viel Potenzial im Einsatz digitaler Technologien im Gesundheits-, Pflege- und Fitnessbereich. Besonders sogenannte Wearables – also Fitnessarmbänder oder Kleidungsstücke, die Biodaten messen – nehmen die Bürgerinnen und Bürger als Chance wahr (55 Prozent). Große Möglichkeiten messen die Deutschen auch der Telepflege zu

---

[202] Vgl.im Folgenden: Bundesministerium für Bildung und Forschung: Vom Roboter gepflegt werden? Für jeden Vierten vorstellbar, unter: https://www.bmbf.de/de/vom-roboter-gepflegt-werden-fuer-jeden-vierten-vorstellbar-950.html [Stand: 11.3.2020]; Ergebnisse auch unter: https://www.vfa-patientenportal.de/aktuelles/news-aktuelles/pflege-durch-roboter-fuer-jeden-vierten-vorstellbar.html [Stand: 11.3.2020]

(51 Prozent), also der computergestützten Überprüfung von Gesundheitsdaten durch Hausarzt oder Pflegedienst aus der Ferne.

Gleichzeitig zeigt die Umfrage, dass die Bevölkerung einen hohen Anspruch an die Sicherheit von online gespeicherten Daten stellt. Eine erhebliche Anzahl der Befragten zeigt Bedenken, ihre Daten im Netz zu teilen (62 Prozent) oder lehnt es ab, sie der Krankenkasse zur Verfügung zu stellen (67 Prozent).

Ausflug zum Hausarzt im Jahr 2050

Erlauben wir uns mit dem Zukunftsforscher Ulrich Eberl einen Ausflug zum Hausarzt im Jahr 2050.[203] Wenn heute die Nase läuft, man hustet, Fieber hat oder sich schlapp fühlt – ist das eine gefährliche Virusgrippe oder nur eine Erkältung? Sicherheit gibt hier erst eine Blutprobe und deren Analyse im Speziallabor, doch da dauert es oft Tage, bis man den Befund in der Hand hält.

Im Jahr 2050 wird unser Hausarzt Schnelltests gleich in seiner Praxis durchführen. Die Grundbestandteile des Labors im Scheckkartenformat haben Wissenschaftler bereits entwickelt: Winzige Kanäle und Pumpen, die einen Blutstropfen ansaugen, mit integrierten Chemikalien, die die Zellen aufbrechen, und Kammern, die das Erbgut, die DNA, festhalten.

---

[203] Ulrich Eberl: Zukunft 2050. Wie wir schon heute die Zukunft erfinden, Weinheim-Basel 2011, S. 213 f

Sie wird automatisch vervielfältigt, mit Molekülen markiert und zum Sensor transportiert, der herausfindet, was unser Hausarzt wissen will: Ob sich Erreger von Infektionskrankheiten in der Probe befinden oder ob der Patient bestimmte Allergien, Erbkrankheiten oder Unverträglichkeiten gegenüber Medikamenten hat.

Sogar für den Patienten selbst könnten einfache Versionen des Labors auf dem Chip nützlich sein, um zum Beispiel zu Haus den Therapieverlauf seiner Krankheit zu kontrollieren. Ähnlich wie heute Diabetiker ihre Blutwerte selbst überprüfen, könnten Patienten in Zukunft ein solches Minilabor im Blut nach Molekülen suchen lassen, die von Krebszellen abgegeben werden, und die Daten an ihren Hausarzt schicken – je weniger von solchen Molekülen der Chip findet, desto besser verläuft die Heilung.

Soweit der noch etwas nach Science-Fiction klingende, aber nicht völlig unrealistische Ausflug von Ulrich Eberl zum Hausarzt im Jahr 2050.

Megatrend Gesundheit

Medizin und Gesundheit sind aber sicherlich Schlüsselthemen für die Zukunft. So sieht es auch das Zukunftsinstitut, Frankfurt am Main. Gesundheit ist nicht mehr nur ein erstrebenswerter Zustand, sondern Lebensziel und Lebenssinn. Der Megatrend verknüpft psychische und physische Dimensionen immer enger, Gesundheit und Zufriedenheit verschmelzen. Die Menschen übernehmen mehr Verantwortung für ihre Gesundheit und treten dem Gesundheitssystem selbstbewusster gegenüber.

Insbesondere folgende Entwicklungen sehen die Frankfurter Zukunftsforscher des Zukunftsinstituts beim Megatrend Gesundheit:[204]

- Achtsamkeit

    Achtsamkeit ist der wichtigste Gegentrend zur permanenten Reizüberflutung des digitalen Zeitalters und der medial gemachten Erregungskultur. Immer häufiger hinterfragen wir die Art, wie wir mit uns und unserer real-digitalen Umwelt umgehen. Achtsamkeit ist mehr als ein Lifestyle-Thema, es ist die Kunst, das Hier und Jetzt nicht aus den Augen zu verlieren, die eigenen Bedürfnisse zu kennen und Werte zu leben.

- Bike-Boom

    Das Fahrrad wandelt sich vom Freizeitgerät zum Verkehrsmittel erster Wahl, vor allem in den Städten. Radfahren ist nicht nur ökologisch, kostengünstig und gesund, sondern in Innenstädten mittlerweile oft die schnellere Alternative zum Auto oder öffentlichen Verkehrsmitteln.

- Corporate Health

    Gesundheitsmanagement in Unternehmen geht weit über Unfallschutz, Betriebsärzte und ergonomische Arbeitsplätze hinaus. Stress, Überarbeitung, Burnout, körperliche und psychische Be-

---

[204] Zukunftsinstitut: Gesundheit Glossar, unter: https://www.zukunftsinstitut.de/artikel/mtglossar/gesundheit-glossar/ [Stand: 11.3.2020]

schwerden: Um die Leistungsfähigkeit im Job zu sichern, ist Gesundheitsvorsorge keine individuelle Angelegenheit mehr. Sie wird zur strategischen Führungsaufgabe.

- Detoxing

  Im Zuge des steigenden Gesundheitsbewusstseins versuchen immer mehr Menschen sich durch eine gezielte Auswahl von Lebensmitteln und Pflegeprodukten von schädlichen, ungesunden oder krank machenden Substanzen zu befreien.

- Digital Health

  Digitale Technologien spielen bei der Gesundheitsversorgung wie auch beim individuellen Gesundheitsverhalten eine immer größere Rolle. Bei kritischen Vitalwerten können Mediziner beispielsweise Feedback geben, ohne dass der Patient zum Arzt kommen muss. Digital Health ermöglicht eine bessere Interaktion zwischen Patienten, Medizinern und Dienstleistern.

- Flexitarier

  „Weniger Fleisch, mehr Lebensqualität" lautet die Devise der Teilzeit-Vegetarier. Flexitarier setzen weniger auf Moral und mehr auf Pragmatismus. Beispielsweise verzichten sie nicht komplett und immer auf Fleisch (Vegetarier) oder gar auf alle tierischen Produkte (Veganer). Ihre Philosophie ist es, die richtige Balance zu finden und lieber weniger und dafür besseres Fleisch zu konsumieren.

- Healthy Hedonism

Ein dogmatisches, leistungsorientiertes Gesundheitsstreben wird zunehmend abgelöst durch ein ganzheitliches Gesundheitsverständnis, das aufs Wohlbefinden von Körper und Geist abzielt. Es geht nicht mehr um Gesundheitsregeln, die vorschreiben, was man darf oder nicht, sondern um eine Besinnung auf das, was guttut. Nicht ein schlechtes Gewissen und Verzicht sind der Haupttreiber dieses neuen Gesundheitsverhaltens, sondern Genuss und Lebensqualität.

- Komplementärmedizin

  Komplementär- und Alternativmedizin gewinnen an Zuspruch. Wachsendes Misstrauen gegenüber der Schulmedizin bringt Menschen dazu, neue Möglichkeiten der Gesunderhaltung und Heilung zu testen. Unter Verzicht auf Produkte der Pharmaindustrie sollen alternative Methoden eine natürliche oder ganzheitliche Heilung oder Prävention ermöglichen.

- Lebensqualität

  „Besser statt mehr" wird zur Leitdevise von immer mehr individuellen und kollektiven Strategien, die auf höhere Lebensqualität setzen: besser Zeit mit der Familie als mehr Gehalt, besser eine neue Grünfläche in der Stadt als noch ein Einkaufszentrum, lieber weniger und dafür besseres Fleisch auf dem Teller usw.

- Movement Culture

  Sport ist heute für viele normaler Bestandteil des Lebens. Dabei verändert sich für eine wachsende Gruppe von Menschen die Bedeutung von Sport – weg von der reinen Selbstoptimierung und hin zu einem Comeback der Bewegung: Es geht nicht mehr darum, eine bestimmte Leistung oder ein bestimmtes Aussehen zu erreichen, sondern um die Bewegung selbst. Egal ob beim Schwimmen, Yoga, Parkour oder Spazierengehen, der achtsame und genussvolle Umgang mit dem Körper steht im Zentrum.

- Selftracking

In dem Streben nach Gesundheit, Fitness und Lebensqualität werden digitale Anwendungen für Smartphones, Sport-Armbänder oder andere tragbare Geräte zum Mittel der Wahl, um körperliche Leistungen oder Gesundheitswerte und Vitaldaten aufzuzeichnen, zu visualisieren und auszuwerten.

- Preventive Health

Prävention ist zum wichtigen Pfeiler der Gesundheitsversorgung und eines wachsenden Gesundheitsbewusstseins geworden. Gesundheitliche Eigenverantwortung nimmt durch einen immer leichteren Zugang zu Informationen sichtbar zu.

- Self Balancer

Der Self Balancer führt einen achtsamen Lebensstil und hat es sich zum Lebensziel gemacht, im Inneren stets ausgeglichen und bei sich zu sein. Für ihn ist das eigene Wohlbefinden wichtiger als der Gedanke, um jeden Preis gesundes Essen zu sich zu nehmen oder sich für eine sportliche Tätigkeit zu motivieren. Damit schafft er es, seine Prioritäten im Leben ganz klar zu setzen und zu verfolgen, ohne sich durch äußere Einflüsse beirren zu lassen.

Soweit die Annahmen des Frankfurter Zukunftsinstituts zum Megatrend Gesundheit, die zwar teilweise unter gewöhnungsbedürftigen Überschriften laufen, die dennoch viele bedenkenswerte Trends aufzeigen.

Jeder Einzelne wird mit dem Thema Medizin und Gesundheit unterschiedlich umgehen: Vertrauen wir zum Beispiel der Schulmedizin, oder wächst unser Misstrauen? Suchen wir nach Möglichkeiten der Entschleunigung oder stopfen wir immer noch mehr Termine in unsere berufliche und private Welt? Pflegen wir eine gesunde Lebensweise mit Sport und gesunder Ernährung oder nehmen wir Nikotin und Alkohol in schädlichen Mengen zu uns?

Wie auch immer: Die Zukunft der Medizin und der Gesundheit wird uns in den nächsten Jahrzehnten stark prägen. Dass trotz der unzweifelhaften Fortschritte der modernen Medizin auch künftig unvorhergesehene Grenzen für Medizin und Gesundheit auftreten können, hat 2020 das Coronavirus SARS-CoV-2 gezeigt, das weltweit zu drastischen Einbrüchen im gesellschaftlichen und wirtschaftlichen Leben geführt hat.

Die Corona-Pandemie hat mehr als deutlich die Grenzen der modernen Medizin aufgezeigt. Wirksame Medikamente und Impfstoffe lassen sich nicht „über Nacht" entwickeln. Trotz eines beispiellosen weltweiten Wettlaufs hochspezialisierter Labore und Forschungseinrichtungen sind dafür deutlich mehr als nur wenige Wochen oder Monate erforderlich.

Die Corona-Pandemie hat auch gezeigt, dass künftig Warnungen vor weltweiten Gesundheitsrisiken ernster genommen werden müssen, um Gesundheitsrisiken rechtzeitig abzuwehren oder zumindest zu minimieren.

Bereits im Jahr 2005 warnte die Weltgesundheitsorganisation (WHO) davor, dass die Welt so nahe vor einer Pandemie stehe wie seit 1968 nicht mehr, als die sogenannte Hongkong-Grippe schätzungsweise eine Millionen Menschen tötete.[205]

Noch drastischer warnte Bill Gates, der Gründer von Microsoft, bei einem öffentlichen Vortrag im Jahr 2015 davor, dass eine Pandemie tödlicher sein könne als eine Atombombe.[206] Man habe viel Geld in nukleare Abschreckung investiert, aber nur wenig gegen eine Epidemie getan. Dabei gehe – so Gates – die Gefahr eher von Viren und Bakterien als von Raketen aus.

Zwar werden leider wohl auch künftig Warnungen oder Hinweise von Wissenschaft und Experten nur zum Teil gehört. Aber spätestens die Corona-Pandemie hat gezeigt, dass der Megatrend Gesundheit in den nächsten Jahrzehnten eine deutlich höhere Aufmerksamkeit von Gesellschaft, Wissenschaft, Politik und Wirtschaft erfordert.

---

[205] Vgl. dazu: Georg Mascolo, Nicolas Richter: Gehört, gestaunt, vergessen, in: Süddeutsche Zeitung vom 27. März 2020, S. 2
[206] Ebd.

12. Haushalt und Wohnen: Nur noch smart homes?

Haushalt und Wohnen betreffen uns alle elementar. Mehr als 60 Prozent unserer Lebenszeit halten wir uns in unseren Wohnungen oder in unseren Häusern auf.[207] Mit anderen Worten: In unseren Wohnräumen verbringen wir im Zeitraum zwischen Geburt und Tod beachtliche drei Fünftel unseres Lebens. Wohnen ist somit ein unverzichtbares Grundbedürfnis für jeden von uns.

Während die Haushaltsgröße, das heißt die Zahl der in einem Haushalt wohnenden Personen, immer kleiner wird, steigt die Wohnfläche, die eine Person beansprucht, immer mehr an.

Haushaltsgröße sinkt

Die Haushalte in Deutschland werden tendenziell immer kleiner.[208] Dieser Trend wird bereits seit mehreren Jahrzehnten beobachtet. Der Anteil der Einpersonenhaushalte nimmt kontinuierlich zu. Dabei leben sowohl jüngere als auch immer mehr ältere Menschen allein. Auch die Zweipersonenhaushalte weisen Zuwächse auf. Die Zahl der Haushalte mit drei und mehr Personen sinkt dagegen beständig.[209]

---

[207] Vgl. Ulrich Reinhardt; Reinhold Popp: Zukunft! Deutschland im Wandel – Der Mensch im Mittelpunkt, Wien/Zürich 2015, S. 188 ff.
[208] Vgl. Statistisches Bundesamt: Privathaushalte nach Haushaltsgröße im Zeitvergleich, unter: https://www.destatis.de/DE/Themen/Gesellschaft-Umwelt/Bevoelkerung/Haushalte-Familien/Tabellen/lrbev05.html [Stand: 16.3.2020]
[209] Ebd.

Gegenwärtig gibt es in Deutschland rund 41,4 Millionen Privathaushalte, das sind über 6 Millionen mehr als noch im Jahr 1991.[210] Während 1991 die durchschnittliche Haushaltsgröße bei 2,27 Personen je Haushalt lag, hat sie sich bis 2018 auf 1,99 Personen je Haushalt verringert.[211] Das Statistische Bundesamt geht davon aus, dass 2035 die durchschnittliche Haushaltsgröße bei nur noch 1,9 Personen je Haushalt bei dann insgesamt 43,2 Millionen Haushalten liegt.[212]

Die Ursachen für diese Entwicklung sind vielfältig.[213] Zum einen wird die Haushaltsgröße durch demografische Faktoren wie die Zunahme der Lebenserwartung bestimmt, die zu mehr Ein- und Zweipersonenhaushalten im Seniorenalter führt. Im jüngeren und mittleren Alter tragen die hohe berufliche Mobilität und mehr Partnerschaften mit separater Haushaltsführung zu kleineren Haushalten bei. Schließlich beeinflussen auch das Heiratsverhalten und die Familiengründungsprozesse die Haushaltsgröße.

Zwei Beispiele für diese sich auf die Haushaltsgröße auswirkenden Entwicklungen: Zwischen 1990 und 2017 stieg das durchschnittliche Heiratsalter für ledige Männer von 27,9 auf 34,2 Jahre und für ledige Frauen von 25,5 auf

---

[210] Vgl. Statistisches Bundesamt: Statistisches Jahrbuch 2019, Kapitel 2: Bevölkerung, Familien, Lebensformen, Wiesbaden 2019, S. 59
[211] Ebd.
[212] Statistisches Bundesamt: Entwicklung der Privathaushalte bis 2035, unter: https://www.destatis.de/DE/Themen/Gesellschaft-Umwelt/Bevoelkerung/Haushalte-Familien/Publikationen/Downloads-Haushalte/entwicklung-privathaushalte-5124001179004.pdf?__blob=publicationFile [Stand: 16.3.2020]
[213] Vgl. ebd.

31,7 Jahre.[214] Im Jahr 1990 waren die Frauen bei der Geburt ihres ersten geborenen Kindes durchschnittlich 26,9 Jahre alt, im Jahr 2017 bereits rund drei Jahre älter (29,8 Jahre).[215] Die Entwicklung zu Haushalten mit drei oder mehr Personen verzögert sich durch beide genannten Faktoren.

Wohnflächenbedarf steigt

Kleinere Haushaltsgrößen = geringerer Wohnflächenbedarf? Keineswegs! Der Wohnflächen-Anspruch der Deutschen (Quadratmeter pro Kopf) hat seit 1990 von 28,2 (Ost) und 36,2 (West) auf 43,8 (Ost) und 47,4 (West) Quadratmeter stark zugenommen.[216]

Bis 2050 werden die Deutschen – so schätzt Horst W. Opaschowski - mindestens 55 Quadratmeter pro Person beanspruchen und sich damit Verhältnissen anderer Länder anpassen (zum Beispiel USA 68 Quadratmeter, Dänemark 51 Quadratmeter).[217] Alleinstehende Mieter verfügen bereits heute über 54,7 Quadratmeter Wohnfläche, und damit über mehr als doppelt so viel Wohnfläche wie ein Haushalt mit 3 und mehr Personen (24,4 Quadratmeter pro dort lebender Person).[218]

---

[214] Statistisches Bundesamt: Statistisches Jahrbuch 2019, Kapitel 2: Bevölkerung, Familien, Lebensformen, Wiesbaden 2019, S.62

[215] http://www.sozialpolitik-aktuell.de/tl_files/sozialpolitik-aktuell/_Politikfelder/Bevoelkerung/Datensammlung/PDF-Dateien/abbVII4.pdf [Stand: 17.3.2020]

[216] Vgl. unter: https://www.deutschlandinzahlen.de/tab/deutschland/infrastruktur/gebaeude-und-wohnen/wohnflaeche-je-einwohner [Stand: 17.3.2020]

[217] Vgl. Horst W. Opaschowski: Deutschland 2030. Wie wir in Zukunft leben, Gütersloh 2013, S. 445

[218] Vgl. Statistisches Bundesamt: Durchschnittliche Wohnfläche pro Person nach Haushaltstyp, unter: https://www.destatis.de/DE/Themen/Gesellschaft-Umwelt/Wohnen/Tabellen/liste-haushaltsstruktur-wohnflaeche.html [Stand: 17.3.2020]

Dominieren in unseren Haushalten Mieter oder Wohneigentümer? Deutschland ist ein Mieterland.[219] Die Wohneigenheimquote von 45 Prozent liegt deutlich unter dem Durchschnitt der EU (63 Prozent) oder USA (63 Prozent). Viele Mieter wollen nicht wie Wohneigentümer über Jahre hinaus oft hochbelastet sein. Auch die Unsicherheit auf dem Arbeitsmarkt, stark steigende Immobilienpreise in den größeren Städten oder immer höhere Mobilitätsanforderungen sorgen dafür, dass sich mehr Deutsche für die Miete als für den Kauf entscheiden.

Kluft zwischen Stadt und Land wird größer

Das Bundesinstitut für Bau-, Stadt- und Raumforschung (BBSR) warnt davor, dass die Kluft zwischen Stadt und Land immer größer wird.[220] In den Ballungszentren sind Mieten und Kaufpreise unvermindert gestiegen. In ländlichen Regionen stehen dagegen immer mehr Wohnungen leer. Die Immobilienforscher der Bundesregierung schätzen, dass bundesweit mehr als zwei Millionen Wohnungen leer stehen. 2011 waren es „nur" rund 1,8 Millionen Wohnungen.

Besonders groß - so das Bundesinstitut BBSR - ist das Problem der Leerstandsquoten in Sachsen, Sachsen-Anhalt und Thüringen. In ostdeutschen

---

[219] Vgl. z.B. Deutsches Institut für Urbanistik: Deutschland ist Spitzenreiter in der Mieterquote, unter: https://www.destatis.de/DE/Themen/Gesellschaft-Umwelt/Wohnen/Tabellen/liste-haushaltsstruktur-wohnflaeche.html [Stand: 17.3.2020]; oder: Christoph Rottwilm: Wie sich die USA zum Land der Wohnungsmieter wandeln, unter: https://www.manager-magazin.de/finanzen/immobilien/wohneigentumsquote-usa-werden-zum-land-der-wohnungsmieter-a-1140761.html [Stand: 17.3.2020]
[220] Vgl. im Folgenden: Benedikt Müller: Wo der Boom nur ein Traum ist, in: Süddeutsche Zeitung vom 14. September 2016, S. 17

Kreisen wie dem Altenburger Land oder dem Vogtlandkreis ist die Leerstandsquote auf mehr als 15 Prozent gestiegen. Auch im Ruhrgebiet und im Saarland stehen viele Wohnungen leer.

Die wachsende Kluft zwischen Stadt und Land zeigt sich deutlich an der Preisentwicklung. In München etwa kostet ein Quadratmeter Bauland in mittlerer Lage zwischen 1100 und 1800 Euro, in sehr guten Lagen zum Teil über 4000 Euro.[221] In vielen peripheren Räumen finden sich dagegen kaum Käufer für Grundstücke. Grundstücke sind in Teilen Ostdeutschlands schon für zehn Euro pro Quadratmeter zu haben. Wer dort verkauft oder vermietet, kann vom Immobilienboom nur träumen.

Ist die Stadt der Zukunft die Lösung für unser künftiges Wohnen? Der Zukunftsforscher Horst W. Opaschowski skizziert in einem Negativszenario das Bild der Stadt der Zukunft folgendermaßen:[222] Größere Städte wachsen durch Zuzug aus den ländlichen Räumen weiter. Schritt für Schritt prägt sich eine strikte Aufteilung in A-Bezirke und B-Bezirke aus. „A" steht für Arme, Arbeitslose und Ausländer, „B" für besser Verdienende, Bildungsbürger und wohlhabende Best Ager.

In den von privaten Sicherheitsdiensten behüteten B-Bezirken sind die Straßen und Plätze sauber. Die Geschäfte bieten rund um die Uhr nicht nur Le-

---

[221] Vgl. z.B.: https://stege-immo.de/blog/grundstuecke-in-munchen/ [Stand: 17.3.2020]
[222] Horst W. Opaschowski: Deutschland 2030. Wie wir in Zukunft leben, Gütersloh 2013, S. 420 ff. und: Reinhold Popp, Ulrich Reinhardt: Blickpunkt Zukunft, Berlin 2013, S.116 f

bensnotwendiges, sondern auch Luxus an. Serviceagenturen für Dienstleistungen aller Art kümmern sich um die Wünsche der zahlungskräftigen Kundschaft.

Das Bild der A-Bezirke hingegen ist gekennzeichnet durch dichte Bebauung und kleine Wohneinheiten. Spielplätze und Sportstätten sind in einem desolaten Zustand oder geschlossen. Kindergärten und Schulen haben ein schlechtes Image. Die wenigen und schlecht sortierten Geschäfte öffnen aus Sicherheitsgründen nur bei Tageslicht, und die wenigen verbliebenen Polizeistationen sind unterbesetzt.

In vielen größeren Städten der Welt – auch in Europa – ist dieses Negativszenario bereits heute zumindest teilweise Realität. Es zeigt sich somit, dass auch in Deutschland die Politik auf Bundes-, Landes- und kommunaler Ebene massiv gefordert ist, um sowohl der Landflucht mit ihren negativen Auswirkungen als auch dem oben skizzierten Negativszenario einer künftigen Stadt mit entschlossenen und wirksamen Maßnahmen zu begegnen. Es gilt, die Lebensqualität und den Wohnwert sowohl in der Stadt als auch auf dem Land auf Dauer zu sichern.

Technik und Wohnkomfort

Haushalt und Wohnen: Wie werden sich denn unsere Wohnungen und Häuser im Hinblick auf technologische Entwicklungen verändern? Werden sich dadurch der Wohnwert und der Wohnkomfort für uns erkennbar erhöhen?

Hier gibt der Zukunftsforscher Ulrich Eberl in seinem Buch „Zukunft 2050; Wie wir schon heute die Zukunft erfinden" einige Antworten:[223] In unseren Häusern und Wohnungen kamen in der Vergangenheit Zug um Zug allerlei Annehmlichkeiten hinzu: um 1905 der Staubsauger, in den 1920ern der Radioapparat und der Kühlschrank, in den 30ern Elektroherd und Haartrockner, in den 50ern Fernseher und in den 70erJahren die Mikrowellengeräte. Doch nach wie vor gilt, dass ein Haus nicht viel mehr ist als eine schützende Hülle, und dass die Geräte darin meist noch unabhängig voneinander und von der Außenwelt funktionieren.

Dies wird sich bis 2050 grundlegend ändern. Die Gebäude werden elektronische Nervensysteme und eine eigene Intelligenz bekommen. Es ist offensichtlich, dass die Gebäude der Zukunft smarter und effizienter funktionieren werden – denn es kann nicht sinnvoll sein, dass das Auto in der Garage um Längen intelligenter, sensibler und kommunikativer ist als das eigene Zuhause.

Im Haus der Zukunft – zuerst bei Büro- und Gewerbebauten, später auch im Privatbereich – wird die Gebäudetechnik Systeme wie Elektro- und Wasserversorgung, Heizung, Lüftung, Klima- und Kältetechnik, aber auch Sicherheitslösungen wie Brand- und Einbruchschutz, Zutrittskontrolle und Videoüberwachung zu einer Einheit verknüpfen und aufeinander abgestimmt steuern.

---

[223] Vgl. im Folgenden: Ulrich Eberl: Zukunft 2050. Wie wir schon heute die Zukunft erfinden, Weinheim-Basel 2011, S. 103 ff.

Bis zum Jahr 2050 werden – so Eberl – darüber hinaus viele Häuser nicht nur Energie verbrauchen, sondern auch selbst Überschüsse erzeugen. Sie werden dann aktive Teilnehmer am Smart Grid, dem intelligenten Energienetz von morgen. Solche Plusenergiehäuser gibt es zum Teil schon heute, sie haben aber vorerst nur Pilotcharakter.

Wie bei den meisten Zukunftstechnologien hängt auch in der Gebäudetechnik viel von der Entwicklung neuer Werkstoffe ab.[224] Ein Beispiel: Elektrochrome Materialien sind die Voraussetzung für „mitdenkende Fenster", die gezielt ihre Lichtdurchlässigkeit verändern können. Bei manchen Rückspiegeln im Auto wird dies bereits eingesetzt, um die Blendwirkung zu verringern – ein Sensor misst das einfallende Licht und dunkelt dann den Spiegel entsprechend ab.

Ob für Energietechnik, die Beleuchtung, die Sicherheit oder die Gesundheit: Eine wichtige Rolle im Gebäude der Zukunft werden die Sensoren spielen.[225] Sie werden Bewegungen und die Stärke des Tageslichts registrieren und danach die Beleuchtung regeln. Sie werden Temperatur und Lichtqualität messen und Heizung und Lüftung anpassen.

Sie werden im Kühlschrank die Frische von Lebensmitteln analysieren. Sie werden Besucher anhand ihres Gesichts, ihrer Stimme, ihrer Gestalt oder

---

[224] Ebd. S. 107
[225] Vgl. z.B.: https://www.infineon.com/cms/de/discoveries/smart-buildings/ [Stand: 17.3.2020], und: Ulrich Eberl: Zukunft 2050. Wie wir schon heute die Zukunft erfinden, Weinheim-Basel 2011, S. 111 ff.

ihres Fingerabdrucks erkennen und sie werden Gase untersuchen und daraus Rückschlüsse auf mögliche Brände ziehen oder auf das Wohlbefinden der Bewohner.

All dies ist vor allem auf die Fortschritte zurückzuführen, die Forscher in Bezug auf die Miniaturisierung der Sensoren und die Rechenleistung der Computer machen.

Doch selbst wenn dies alles künftig machbar sein kann, so dürfte doch für die meisten Haus- oder Wohnungsbesitzer eine solche Intelligenzaufrüstung ihrer vier Wände schlicht und einfach zu teuer werden. Der Trend ist allerdings klar: Unterschiedlichste Geräte werden eigene Rechenleistung erhalten und selbst kommunizieren können. Sie werden über bereits heute verfügbare „Home Control"-Systeme miteinander und mit der Umgebung künftig immer stärker vernetzt sein – und sie werden über einen geschützten Internetzugang von außen gesteuert werden können.

Die klassische Urlaubsfrage „Habe ich den Herd ausgeschaltet und die Tür zugesperrt?" wird künftig der Vergangenheit angehören, da man selbst vom fernen Strand aus schnell nachschauen und notfalls eingreifen kann.

Trends für die Zukunft des Wohnens

Haushalt und Wohnen: Wo gehen die Trends hin? Was zeichnet sich neben den skizzierten technologischen Entwicklungen in den nächsten Jahrzehnten noch ab? Dezentral, reduziert, gesund und digital – so beschreiben Trendforscher die Wohnformen kommender Zeiten:[226]

Houzz, eine Website und Online-Community um Architekten, Interior Design sowie Garten- und Landschaftsarchitektur, hat neun Thesen zur Zukunft des Wohnens formuliert, die nicht nur für Architekten und Produktdesigner, sondern für uns alle interessant sein könnten:[227]

- Gesundes, natürliches und ökologisches Wohnen: Das Verlangen nach gesunden, natürlichen und ökologischen Materialien wird immer größer. PVC und Kunststoff haben endgültig ausgedient. Holz, Kalkfarbe, Kork, Sisal und Lehm sind Materialien, die wieder stärker in den Vordergrund rücken. Auch begrünte Dächer werden immer beliebter. So entsteht ein Markt für gesundheitsfördernde Wohn- und Bauprodukte, wie beispielsweise Wandanstriche, die Schadstoffe absorbieren. Das Konzept des ganzheitlichen Bauens geht damit einher. Mensch, Natur und Haus sollen im Idealfall in harmonischem Einklang miteinander stehen.

---

[226] Vgl. im Folgenden: Anne Roesner: Megatrends. 9 Thesen zur Zukunft des Wohnens, unter: https://www.houzz.de/magazin/megatrends-9-thesen-zur-zukunft-des-wohnens-stsetivw-vs~52911961 [Stand: 17.3.2020]
[227] Vgl. ebd.

- Smart Homes: Mit Smartphone und Tablet wird man in Zukunft standardmäßig Heizung, Lüftung, Elektrogeräte, Beleuchtung und Sicherheitssysteme bedienen können. Die Geräte sind intelligent miteinander vernetzt. Durch digitale Bedienung kann man im Smart Home einerseits viel Energie sparen, andererseits ist diese Form der Steuerung, etwa per App, überaus komfortabel und bequem. Entertainment spielt eine große Rolle. Das Wohnzimmer wird zum Heimkino, das standardmäßig mit 3D-Fernsehern und einem professionellen Soundsystem ausgestattet ist.

- Individualisierte Möbel mit Geschichte: Im Kontrast zur hochtechnisierten Ausrüstung macht sich aber in punkto Möblierung auch ein Interesse an Low-Tech-Handwerk breit. Man gibt sich nicht mehr mit Massenware zufrieden, sondern möchte sich mit Besonderem umgeben. Hochwertige Möbel mit einer interessanten Geschichte oder selbstgebaute Tische genießen hohes Ansehen.

- Energieautarkes Wohnen: Photovoltaik-Panels und solarthermische Anlagen, Regenwasseraufbereitung, Komposttoiletten – das Interesse an autarker Energie- und Wasserversorgung wächst. Die Motivation dazu ist nicht nur eine finanzielle. Umweltbewusstsein spielt eine ebenso große Rolle. Das ökologische Selbstversorgerhaus ist das Haus von Morgen.

- Wohnen im Grünen und Urban Gardening: Viele wollen weder auf die Vorzüge einer Stadt noch auf eine grüne Umgebung verzichten.

So werden Gärten in Großstädten immer interessanter. Ein beliebtes Konzept ist das Urban Gardening, bei dem man sich in Gemeinschaftsgärten zum Gemüseanbau und zur Entspannung trifft.

- Reduktion: Wohnen in Mikrohäusern. Im Zuge der Wohnungsknappheit in den Städten entstehen neue Wohnformen. Der Trend geht zu Wohnungen im XS-Format. Dabei verkleinert sich die tatsächliche Wohnfläche ohne Qualitätsverluste. Weniger ist mehr. Ein Mini-Eigenheim im Grünen ist die Sehnsucht vieler. Steht das Haus dazu noch auf Rädern, wird außerdem der Wunsch nach flexiblem Wohnen befriedigt.

- Kollaboratives Wohnen: Das Eigenheim beschränkt sich auf das Nötigste und befriedigt Grundbedürfnisse wie Schlafen, Kochen und Toilette. Es wird jedoch durch optionale Räume im öffentlichen Bereich ergänzt, die bei Bedarf aufgesucht werden können. „Collaborate Living" nennt sich dieser Trend. Ein von der gesamten Hausgemeinschaft nutzbares Gästezimmer, ein Dachgarten für alle oder mietbare Kleinstwohnungen für pflegebedürftige Angehörige in der Neubausiedlung sind mögliche Konzepte. Digitale Plattformen, die die Suche nach ausgelagerten Räumen anbieten, werden populärer. Teilen ist das neue Haben.

- Kollektives Wohnen – Mehrgenerationenhäuser: Der Bedarf an altersgerechten Wohnungen wird steigen. Wer kann, möchte in der gewohnten Umgebung alt werden, nicht im Altersheim. Barrierefreie Wohnungen werden daher immer gefragter: Bodengleiche

Duschräume, LED-Streifen im Boden usw. Auch die Zahl der Mehrgenerationenhäuser nimmt zu. Hier leben Menschen verschiedener Generationen in einer Gemeinschaft zusammen. Sie helfen und bereichern sich gegenseitig. Keiner muss mehr allein sein, findet aber dennoch genügend Rückzug für sich.

- Wohnen in Zonen: In Zukunft werden starre, definierte Grundrisse ausgedient haben. Große Räume, die flexibel genutzt werden können, werden hingegen immer wichtiger. So entsteht ein Wohnen in Zonen, die durch flexible Möbelsysteme definiert sind. Möbel ersetzen Mauern. So kann ein großer Raum zunächst als Büro und Wohnzimmer genutzt werden. Bei Bedarf dient er aber auch als Kinder- und Gästezimmer: Je flexibler, desto besser.

Die neun Thesen von Houzz zur Zukunft des Wohnens sind natürlich geprägt von kreativen und fantasievollen Ideen von Architekten und Planern. Einiges davon wird sich sicherlich künftig durchsetzen, einiges wird sich aber wohl auf der Basis eher traditioneller und individueller Wohnwünsche verschiedener Bevölkerungsgruppen weiterentwickeln. Eines jedoch ist klar: Beim Thema Haushalt und Wohnen ist vieles in Bewegung.

13. Freizeit und Urlaub: Wellness ohne Ende?

Freizeit und Urlaub sind zwei Begriffe, die bei den meisten von uns ein positives Lebensgefühl auslösen, es sei denn, wir wären unverbesserliche Workaholics. Freizeit und Urlaub werden aber individuell sehr unterschiedlich gestaltet, in der Vergangenheit, in der Gegenwart und auch in der Zukunft. Insofern fällt eine Prognose, wie sich Freizeit und Urlaub in den nächsten Jahrzehnten entwickeln, sehr schwer.

„Kino, Fußball, Bier und vor allem Glücksspiele", sagte uns George Orwell in seinem 1949 erschienenen Roman „1984"[228] voraus. Das liegt nicht völlig daneben, zeichnet aber ein sehr grobes Bild unseres Freizeitverhaltens. Ein genaueres Bild kann uns das Statistische Bundesamt durch seine Untersuchung zu den Freizeitaktivitäten der Deutschen (Personen ab 10 Jahren) geben.[229]

Freizeitaktivitäten der Deutschen

Von den 5 Stunden und 57 Minuten, die wir im Durchschnitt täglich an Freizeit haben, verwenden wir 2 Stunden und 58 Minuten für Fernsehen und andere kulturelle Tätigkeiten. Für Kontakte/Geselligkeit stehen uns - wohlbemerkt im gesamten statistischen Durchschnitt - 1 Stunde und 6 Minuten zur Verfügung. Für Computer und Smartphone wenden wir 33 Minuten auf.

---

[228] George Orwell: 1984 („Nineteen-Eighty-Four", 1949), München 2002
[229] Vgl. im Folgenden: Statistisches Bundesamt: Zeitverwendungserhebung. Aktivitäten in Stunden und Minuten für ausgewählte Personengruppen, Wiesbaden 2015, S. 11 ff.

Dieser Wert wird allerdings von der jüngeren Generation deutlich übertroffen.

Für Sport und Hobbys verwenden wir täglich im Durchschnitt 35 Minuten und für Ausruhen 22 Minuten.

Bei diesen Werten wird jeder Einzelne für sich etwas anderes ableiten: Mancher verbringt täglich 3 Stunden, um zum Beispiel Modellflieger zu basteln, Aquarellbilder zu malen oder Kleider zu nähen, während zum Beispiel Sport ausfällt. Junge Leute sitzen stundenlang am Computer oder Smartphone während ältere Leute manchmal nicht mehr die Ausstelltaste für den Fernseher finden.

Die Hamburger-Stiftung für Zukunftsfragen unterscheidet in ihrem „Freizeit-Monitor" bei der Untersuchung der häufigsten Freizeitaktivitäten drei Hauptgruppen:[230]

- Die Mediennutzung:
  Sechs der zehn häufigsten Freizeitaktivitäten sind durch Medien geprägt. Hierbei dominieren sowohl die klassischen Medienformate wie Fernsehen, Radio hören, Telefonieren oder Zeitung lesen als auch die neueren wie Internet und Smartphone den Freizeitalltag der Bundesbürger. Insbesondere für die junge Generation sind letztere nicht nur Zeitvertreib, sondern auch Mittel zum Zweck, um Aktivitäten zu koordinieren oder soziale Kontakte zu pflegen.

---

[230] Vgl. Stiftung für Zukunftsfragen: Freizeit-Monitor 2016: Die beliebtesten Freizeitbeschäftigungen der Deutschen, unter: https://www.stiftungfuerzukunftsfragen.de/newsletter-forschung-aktuell/269/#c3885 [Stand: 21.3.2020]

- Die Regeneration:

  Die Erholung von der Arbeit und für die Arbeit war über Jahrhunderte der Hauptzweck der Freizeit. Auch gegenwärtig wollen viele Bundesbürger in ihrer freien Zeit ausschlafen, faulenzen oder einfach ihren Gedanken nachgehen. Diese passiven Beschäftigungen bleiben daher wichtige Elemente der Freizeitgestaltung, für die sich viele Bundesbürger sogar mehr (Frei)Zeit wünschen.

- Kontakte:

  Die Pflege der eigenen sozialen Kontakte ist die dritte Säule der Freizeit. Gemeinsame Zeit mit dem Partner, der Familie und den Freunden verbringen oder über wichtige Dinge reden, in einem Verein aktiv sein und vieles mehr sorgt für Abwechslung und Anregung, Entlastung und Stressabbau und somit für eine Steigerung des individuellen Wohlbefindens.

Die Auswahl an Freizeitbeschäftigungen in Deutschland wächst unaufhaltsam. Ob sportlich oder medial, draußen oder drinnen, allein oder gemeinsam, kostenintensiv oder kostenlos – die Freizeitbranche hat für jeden etwas zu bieten. Doch trotz aller Möglichkeiten bleibt das Fernsehen die mit Abstand häufigste Freizeitaktivität der Bundesbürger. So geben 97 Prozent der Deutschen an, regelmäßig fernzusehen.[231]

Dazu Professor Ulrich Reinhardt, der Wissenschaftliche Leiter der Stiftung für Zukunftsfragen:[232]

---

[231] Ebd.
[232] Ebd. S. 1

„Das Fernsehen fesselt seit fast einem halben Jahrhundert seine Zuschauer. Zwar wird im Alltag seltener gemeinsam mit der gesamten Familie geschaut, dafür werden aber bestimmte Formate zunehmend im eigenen Wohnzimmer inszeniert: Ob Supershow, Lieblingsserie oder Sportevent – gemeinsam wird sich mit Freunden vor dem „Lagerfeuer" im Wohnzimmer versammelt. Was zählt, ist das gemeinsame Mitfiebern, der Austausch und die Geselligkeit."

Veränderung der Freizeitaktivitäten

Wie haben sich in den letzten Jahren die Freizeitaktivitäten verschoben? Hierzu liefert der „Freizeit-Monitor" einen mehrjährigen Vergleich.[233] Eindeutiger Gewinner ist die Internetnutzung, die in fünf Jahren um 56 % zugenommen hat.

Zugenommen haben auch die folgenden Freizeitaktivitäten: Musik hören, Fitnessstudio besuchen, Fahrrad fahren, Sport treiben, Telefonieren von unterwegs, sich in Ruhe pflegen, Computer, etwas für die eigene Gesundheit tun.

Die Verlierer im 5-Jahres-Vergleich bei den Freizeitaktivitäten hingegen sind: Freunde/Bekannte zu Hause treffen, etwas mit Freunden unternehmen, mit Enkeln/Großeltern treffen, mit Kindern spielen, mit Nachbarn treffen/plaudern, Kaffeetrinken/Kuchen essen, Erotik/Sex, Mittagsschlaf, Buch lesen, Zeitungen/Zeitschriften lesen.

---

[233] Vgl. im Folgenden: Ebd. S. 3

Wird sich unser Freizeitverhalten in Zukunft immer mehr auf Mediennutzung, insbesondere Internetnutzung, und immer weniger auf die Pflege von Kontakten mit Familie und Freunden verlagern? Pressen wir immer mehr Erlebnisinhalte in unser ohnehin knappes Zeitbudget? Nimmt die zeitliche Hektik auch in unserer Freizeit stetig zu oder finden wir künftig einen Weg der Entschleunigung?

Die Zukunftsforscher Reinhold Popp und Ulrich Reinhardt haben in einer Befragung festgestellt, dass die Top-Wünsche für die zukünftige Freizeitgestaltung in zwei Richtungen gehen:[234] erstens mehr Zeit für Erholung und zweitens mehr Zeit für soziale Kontakte. Denn in einer zunehmend hektischen und medialisierten Welt wächst einerseits das Bedürfnis nach Ruhe und andererseits jenes nach Geselligkeit. Gerade die junge Generation würde sich eigentlich lieber mit Freunden treffen, als nur mit ihnen zu skypen, zu posten, zu simsen oder zu telefonieren. Doch in einem Freizeitalltag, der sich unablässig zwischen einem fast unbegrenzten Angebotsspektrum und chronischer Zeitnot bewegt, liegen zwischen Wunsch und Wirklichkeit zunehmend Welten.

Freizeit am Wohnort

Ruhe, Geselligkeit, aber auch Möglichkeiten der Konsum- und Einkaufswelt werden häufig am Wohnort und nicht unbedingt in der Ferne gesucht. Eine

---

[234] Vgl. im Folgenden: Reinhold Popp, Ulrich Reinhardt: Blickpunkt Zukunft, Berlin 2013, S. 114 ff.

Studie des Instituts für Demoskopie Allensbach zeigt[235]: Trotz Globalisierung, Digitalisierung und zunehmender Mobilität leben 93 Prozent der Bevölkerung gerne in der Region, in der sie wohnen. Auch bei den jungen Leuten unter 30, die aufgrund von Ausbildung, Beruf und Familiengründung noch am ehesten ihren Wohnort wechseln, ist die Bindung an ihren momentanen Nahbereich ausgesprochen hoch: 88 Prozent von ihnen leben gerne dort.

Neben vielfältigen Freizeitaktivitäten nutzen die Deutschen ihren Ort und die nähere Umgebung vor allem, um Lebensmittel zu kaufen, zum Arzt oder in die Apotheke zu gehen, den Friseur zu besuchen, zum Essen oder Trinken zu gehen, Park oder Wälder aufzusuchen. Auch Kinobesuche, Kulturveranstaltungen, Vereinstreffen oder Stadtbummel gehören zu den Aktivitäten vor Ort, die wohl auch in Zukunft ihre Bedeutung behalten werden.

Urlaubstrends

Freizeit und Urlaub: Wie sieht es mit den Trends beim Urlaub aus? Blicken wir zunächst rund vierzig Jahre zurück.[236] Der Wunsch, sich in fremden Gefilden zu erholen, möglichst unter südlicher Sonne auszuspannen oder auch im Aktiv-Urlaub ferne Länder kennen zu lernen, sorgte in den 70er Jahren in Deutschland für einen nie zuvor gekannten Reiseboom. Zumeist gut gefüllte Portemonnaies und die damals im Schnitt rund 25 Urlaubstage ließen Reiseträume wahr werden.

---

[235] Vgl. dazu: Institut für Demoskopie Allensbach: Lokale Welten, Allensbach 2015, S. 7 ff.
[236] Vgl. im Folgenden: https://www.wissen.de/urlaub-und-freizeit-1970-1979/page/0/1 [Stand: 21.3.2020]

Selbst der Ölpreisschock und die steigenden Arbeitslosenzahlen zur Mitte der 70er Jahre taten der neuen Lust am Reisen keinen Abbruch. Jeder zweite Deutsche fuhr in Urlaub, immer öfter wurden dabei Ziele im Ausland angesteuert. Doch auch die Folgen des Booms wurden bald spürbar. Überfüllte und verdreckte Strände, durch Hotelkomplexe verschandelte Küstenpanoramen oder massenhafter Kahlschlag für den Bau von Pisten und Skiliften riefen Umweltschützer auf den Plan und verhagelten manch einem Erholungssuchenden die Urlaubsfreude.

Österreich, Spanien, Griechenland und Italien standen hoch im Kurs – die Strände an der Riviera und Adria oder an der Costa Brava waren schon bald als „Teutonengrill" verschrien. Immer häufiger traf der Reisende im Ausland auf graue Betonsilos und riesige Erholungskomplexe anstelle stiller Buchten und verträumter Fischerdörfer. Doch auch die inländischen Reiseziele blieben vom Massentourismus nicht verschont. Vor allem an der Ostsee entstand ein Wohnpark nach dem anderen. Zwischen Flensburg und Travemünde schossen Bettenburgen wie Pilze aus dem Boden.

Auch wenn es heute immer noch genügend Auswüchse des Massentourismus gibt, so hat sich doch vieles verändert.[237] Heute findet die Individualreise gegenüber dem Pauschaltourismus größere Beachtung. Der Stellenwert des Urlaubs bleibt in Deutschland ungebrochen hoch. Selbst ein weitgehender Zusammenbruch des Tourismusmarktes durch die Corona-Pan-

---

[237] Vgl. Horst W. Opaschowski: Deutschland 2030. Wie wir in Zukunft leben, Gütersloh 2013, S. 378 ff.

demie 2020 lässt die Deutschen als „Urlaubsweltmeister" nach der überstandenen gravierenden Krise wieder in ihren Urlaubsrhythmus zurückkehren.

Der Trend zur Kurzreise, Kurztrips mehrmals im Jahr statt Urlaub in einem Stück, hat sich durchgesetzt.[238] Reisen in letzter Minute (Standby-Tourismus) ist für Spontanreisende und Spätbucher populär geworden. Städte- und Studienreisen sind in den Vordergrund gerückt. All-inclusive-Angebote möglichst mit Garantie auf Sonne und Wärme sind zunehmend gefragt. Auch der Kreuzfahrtreisemarkt befindet sich im Aufschwung.

Dabei gibt es innerhalb der Bevölkerung sehr unterschiedliche Präferenzen, wie eine Befragung von Popp/Reinhardt zeigt:[239]

- Am Städte- und Kulturtourismus zeigen Singles das stärkste Interesse.
- Medical-Wellness und Berg-/Wandertourismus bleiben für die Best Ager interessant.
- Jugendliche wünschen sich Wohnwagen-/Caravan-Trips und wollen campen gehen.
- Ein Hang zum Abenteuerurlaub ist bei jungen Erwachsenen vorhanden.
- Busreisen sind für Ruheständler relevant.
- Familien haben großes Interesse an Ferienhäusern.

---

[238] Ebd.
[239] Reinhold Popp, Ulrich Reinhardt: Blickpunkt Zukunft, Berlin 2013, S. 140 f

Wohin geht die Reise?

Der Tourismus der nächsten Jahrzehnte wird zwar auf Urlaubsklassiker wie den Strandurlaub oder die Studienreise, den Sporturlaub oder die Campingreise nicht verzichten. Zugleich werden aber neue Urlaubsformen entdeckt und entwickelt. Wohin die Reise geht, zeigt der Zukunftsforscher Horst W. Opaschowski anhand einiger Beispiele für 2030 auf:[240]

- Trend zum Seniorentourismus: Die neue S-Klasse
  Die Rentner werden die „Trendner" der Zukunft sein. Die neuen Senioren links liegen zu lassen, wäre der größte strategische Fehler der Tourismuswirtschaft. Ohne die ältere Generation müssten viele Reisebüros schließen. Seniorenreisen entwickeln sich zur neuen S-Klasse, zum Urlaub mit Qualitätsansprüchen: Service, Sauberkeit, Gastfreundschaft und Gemütlichkeit, schöne Landschaft und gesundes Klima. Mit einem Wort: Lebensqualität.

- Trend zum Wohlfühltourismus: Die populärste Form von Glück
  Der Erholungstourismus ist überholt, der Eventtourismus überlebt sich. Und der Wohlfühltourismus wird zum prägenden Merkmal des 21. Jahrhunderts. Der Tourismusbranche steht im 21. Jahrhundert eine neue Diskussion bevor: Urlaubsqualität muss neu definiert werden. Aus Reiseveranstaltern, Erlebnismachern und Händlern mit Lebensfreude werden zunehmend Dienstleister für das Wohlbefinden. Die Urlauber wollen in Atmosphäre baden.

---

[240] Horst W. Opaschowski: Deutschland 2030. Wie wir in Zukunft leben, Gütersloh 2013, S. 396 f

- Trend zum Gesundheitstourismus: der Megamarkt der Zukunft
Der Gesundheitstourismus befindet sich im Aufwind – von asiatischen Behandlungsmethoden über Thalasso-Therapien bis hin zum Gesundheitstraining. Vor dem Hintergrund des demografischen Wandels und einer alternden Bevölkerung wird der Gesundheitstourismus zum Megamarkt der Zukunft. Immer mehr Urlauber wollen etwas für die eigene Gesundheit tun – ohne Ge- und Verbote. In Zukunft wird die persönliche Gesundheitsvorsorge genauso wichtig wie die staatliche Gesundheitsvorsorge sein.

- Trend zum Kreuzfahrttourismus
Ein Wandel vom klassischen Badeurlaub zur Erlebnisreise auf dem Wasser steht bevor. Kreuzfahrten halten die Sehnsucht nach der Insel wach: Sie garantieren Freiheit genauso wie Geborgenheit, bieten die Weite der Ozeane und die Abgeschiedenheit der Kabinen, sind unterwegs zu fremden Kulturen und garantieren zugleich ein zweites Zuhause an Bord. Das Kreuzfahrtschiff wird zum schwimmenden Reiseziel.

- Trend zu sicheren Reisezielen
Urlauber wollen in Zukunft nicht nur die berühmte Bräune, sondern auch die heile Haut mit nach Hause bringen. Im Zweifelsfall entscheiden sie sich für mehr Sicherheit und gegen Risikoregionen. „Safety-first"-Reisen haben eine (bomben-)sichere Zukunft vor sich. Davon profitieren Nahziele wie Nord- und Ostsee, Bayern und Österreich sowie Klassiker wie Spanien und Italien. Das kann langfristig auch bedeuten: Weniger Fernweh.

Opaschowski kommt zu folgendem Ausblick:[241] Durch die Ausdifferenzierung des touristischen Angebots, bei dem sich die Urlauber ihre ganz persönlichen Bausteine zusammenstellen und miteinander kombinieren können, rückt das Klischee vom Massentourismus immer mehr in den Hintergrund. Pauschal und doch individuell: Das ist im Tourismus des 21. Jahrhunderts kein Widerspruch mehr. Jeder kann seine eigenen Wege gehen – auch jenseits massentouristischer Trampelpfade.

Die Corona-Pandemie hat 2020 zwar einen erheblichen Einbruch für den gesamten Tourismussektor gebracht. Viele Reisen wurden storniert. Inländische Reiseziele rückten in den Vordergrund. Nach der überwundenen Krise dürften sich die Reisegewohnheiten jedoch schon bald wieder auf die bisherige Frequenz einpendeln. Wohl nur ein kleinerer Teil der Bevölkerung wird nachhaltigere Rückschlüsse aus der Corona-Pandemie auf sein Urlaubsverhalten (z.B. Vermeidung von Langstreckenflügen) ziehen. Allerdings werden bestimmte Formen wie der Gesundheitstourismus sicher nochmal eine zusätzliche Steigerung erhalten.

---

[241] Ebd. S. 399

14. Bildung der Zukunft: Kreativität als Schlüsselkompetenz

Bildung hat Zukunft: Dem wird keiner widersprechen. Was aber ist Bildung? Über kaum ein Thema wird häufiger und härter gestritten.[242] Bildung soll die Persönlichkeit entwickeln und ein erfülltes Leben ermöglichen. Bildung soll gut ausgebildete Fachkräfte für den Arbeitsmarkt bereitstellen und unsere Wirtschaft wettbewerbsfähig halten. Bildung soll Frieden und Demokratie sichern und unser kulturelles Wissen über die Generationen weitergeben.

Eines ist klar: Bildung ist eine gesamtgesellschaftliche Aufgabe und findet daher überwiegend in öffentlichen Einrichtungen statt. Nur: Was Bildung eigentlich sein soll, wie viel wir davon brauchen, wie Bildungseinrichtungen und das Bildungssystem am besten gestaltet werden, darüber herrschte noch nie Einigkeit.

Als Urvater auf dem Weg zur modernen Bildung gilt Wilhelm von Humboldt, der auf der Schwelle vom 18. zum 19. Jahrhundert die wohl weitreichendste Bildungsreform des deutschen Sprachraums durchführte. Humboldt definierte Bildung als die Anregung aller Kräfte des Menschen, damit diese sich

---

[242] Vgl. z.B.: Bundeszentrale für politische Bildung: Was ist Bildung?, unter: https://www.bpb.de/gesellschaft/bildung/zukunft-bildung/282582/einleitung [Stand: 21.3.2020]

über die Aneignung der Welt entfalten und zu einer sich selbst bestimmenden Individualität und Persönlichkeit führen.[243]

Nach dem Humboldt'schen Bildungsideal ist Bildung also mehr als eine Aneignung von Wissen. Individualität und Persönlichkeit sowie die Entwicklung von Talenten spielen eine ebenso große Rolle. Bildung ist also nicht zuletzt auch ein Prozess der Individualisierung, durch den der Mensch seine Persönlichkeit ausbilden kann.

Komplexer Bildungsprozess

Dieser Bildungsprozess ist komplex. Er beginnt im frühkindlichen Alter im Elternhaus, setzt sich in der Kinderkrippe und im Kindergarten fort und findet in der Schulphase einen besonderen Schwerpunkt. Weitere Stationen sind duale berufliche Bildung oder Hochschulausbildung, berufliche Weiterbildung und „lebenslanges Lernen".

Bildung hat sich in unserer zunehmend digitalen Welt in den letzten Jahren gewandelt. Dieser Prozess wird sich künftig noch verstärken. „Googeln", Informationen auf Wikipedia lesen, eine Sprache mit einer Smartphone-App üben, Erklär-Videos oder Tutorials im Internet ansehen – digitale Technologien prägen uns schon heute, wie wir lernen und lehren. Die weltweite Verfügbarkeit ständig aktualisierter Informationen sowie die Vernetzung von Lernenden und Lehrenden im Internet gestalten zunehmend Bildungspro-

---

[243] Zitiert nach: Miriam Bax: Bildung – Was ist das eigentlich? unter: https://www.bildungsxperten.net/wissen/was-ist-bildung/ [Stand: 21.3.2020]

zesse. Auch die wachsende Leistungsfähigkeit von Technologien der sogenannten „virtuellen" und „erweiterten Realität" werden in der Zukunft einen starken Einfluss darauf haben, was wir wie von wem lernen.

Lehren, Lernen und Leben in der digitalen Welt

Das Bundesministerium für Bildung und Forschung hat das Meinungsforschungsinstitut TNS Emnid mit einer repräsentativen Umfrage „ZukunftsMonitor" zum Thema „Lehren, Lernen und Leben in der digitalen Welt" beauftragt.[244] Die im Rahmen des „ZukunftsMonitors" befragten 1064 Teilnehmerinnen und Teilnehmer sehen überwiegend Chancen beim Einsatz digitaler Technologien in der Bildung. Ein Fünftel äußert sich aber auch skeptisch und verbindet mit ihnen ebenso viele oder sogar mehr Risiken.

Die große Mehrheit erkennt an, dass der Einsatz digitaler Technologien in der Bildung unabdingbar ist, damit die Gesellschaft für die Herausforderungen des 21. Jahrhunderts gewappnet ist. Eine große Gruppe sieht zudem einen Zusammenhang zwischen digitalen Technologien in der Bildung und Innovation. Fast ein Viertel glaubt, dass sie unsere Gesellschaft in Zukunft innovationsfähiger machen.

Die Hälfte der befragten Bürgerinnen und Bürger ist auch der Meinung, dass digitale Technologien die Lust auf Lernen steigern können.[245] Aller-

---

[244] Vgl. im Folgenden: Bundesministerium für Bildung und Forschung: ZukunftsMonitor III „Lehren, Lernen und Leben in der digitalen Welt, Berlin 2016
[245] Vgl. weiter ebd.

dings gibt es dabei große Unterschiede zwischen den Altersgruppen der Befragten: Die überwiegende Mehrzahl junger Menschen im Schulalter ist der Meinung, dass ihnen digitale Technologien mehr Lust auf das Lernen machen. Menschen mittleren Alters sehen das häufig ebenfalls so, bei einem wesentlichen Teil lösen digitale Technologien aber keine größere Lernfreude aus. Bei Menschen im Alter über 60 Jahren reagiert sogar die Mehrheit skeptisch auf diese Aussage.

Auch in einigen anderen Punkten herrscht bei den Bürgerinnen und Bürgern Uneinigkeit oder sogar Skepsis. Zur Frage, ob bereits Kleinkinder den Umgang mit digitalen Technologien lernen sollten, gibt es unter den Befragten keinen Konsens. Eine große Zahl macht sich auch Sorgen, digitale Technologien könnten sich in Zukunft negativ auf die Sozialkompetenzen auswirken. Und eine Mehrheit der Bevölkerung sieht durch digitale Technologien in der Bildung zudem den Einfluss der Wirtschaft in einem kritischen Maß wachsen.

Eines scheint aber klar zu sein: Laut Ansicht einer großen Mehrheit der Befragten führen digitale Technologien zu veränderten Anforderungen an Lernende und Lehrende – zum Beispiel durch die steigende Informationsvielfalt. Eine neue Schlüsselkompetenz stellt daher das Finden und Beurteilen von verfügbarem Wissen dar. Fast neun von zehn befragten Bürgerinnen und Bürgern sehen auch die Notwendigkeit, den Umgang mit digitalen Technologien in der Schul- und Berufsbildung stärker zu verankern.

Neun Thesen zur digitalen Bildung

Sarah Henkelmann, die Sprecherin des Netzwerks Digitale Bildung, sieht akuten Handlungsbedarf für die Notwendigkeit digitaler Bildung. Sie präsentiert hierzu neun Thesen:[246]

- Verantwortung:
  Wer im Zeitalter der Digitalisierung gesellschaftlich verantwortlich entscheiden und handeln will, muss neue Technologien nicht nur nutzen, sondern sie auch verstehen.

- Chancengerechtigkeit:
  Bildung für alle bleibt ein leeres Versprechen der Digitalisierung, solange nicht die Ausbildung einer Medienkompetenz für alle als dauerhafter Lernprozess gesichert ist.

- Innovationen:
  Bleibt der digitale Wandel in Schulen und Hochschulen weiter außen vor, so fehlt der Wirtschaft die Basis für Innovationsfähigkeit. Denn Innovationen werden zukünftig fast ausschließlich digital gedacht werden.

- Kompetenzen für die Arbeitswelt:
  Mit dem digitalen Wandel in der Arbeitswelt sind neue Kompetenzen gefragt, die kollaborative Arbeitsprozesse ermöglichen. Diese Kompetenzen müssen bereits in der Schule vermittelt werden.

---

[246] Sarah Henkelmann: 9 Thesen zur Digitalen Bildung, unter: https://www.netzwerk-digitale-bildung.de/diskussion/diskussionsbeitraege/diskussionsbeitrag-von-dr-sarah-henkelmann/ [Stand: 21.3.2020]

- Industrie 4.0:

  Wer die Chancen der Industrie 4.0 nutzen will, sollte zuerst dafür sorgen, dass Kinder und Jugendliche in der Schule 4.0 lernen dürfen.

- Globalisierung:

  Um sich globalen Märkten zu öffnen, verlagern Unternehmen immer mehr Ressourcen und Prozesse in den digitalen Bereich. Hierfür sind Arbeitnehmer gefragt, die digitale Strukturen als Regel und nicht als Ausnahme verstehen.

- Integration:

  Digitale Medien unterstützen die Integration geflüchteter Menschen, weil sie Lernprozesse individualisieren und effektiver gestalten.

- Fachkräftemangel:

  Der Mangel an Fachkräften für Informations- und Kommunikationstechnologien, Internet-of-Things und Big Data wird zum Hemmschuh der wirtschaftlichen Entwicklung in Deutschland werden.

- Standortsicherung:

  Mit der Digitalisierung wachsen neue Chancen für Städte und Regionen, sich als Standort zu positionieren, wenn sie sich der Digitalisierung öffnen. Der Erfolg einer Stadt, einer Region oder eines Landes wird zukünftig vor allem durch das Maß seiner Digitalisierung bestimmt werden.

Soweit die neun Thesen des Netzwerks Digitale Bildung, die vor allem die künftigen wirtschaftlichen Notwendigkeiten abbilden. Wie bei allen Themen der Bildung gibt es auch hier unterschiedliche Auffassungen und Bewertungen. Vor allem besteht die Notwendigkeit, dass sich der einzelne Mensch auch in Zeiten zunehmender Digitalisierung genügend Möglichkeiten erhält, seine Individualität und Persönlichkeit und seine Sozialkompetenz zu erhalten und zu entwickeln.

Die Schule im Jahr 2030

Die Schulen sind nach wie vor ein zentrales Element unserer Bildung. Hier verbringen wir den Großteil unserer Zeit als Lernende. Wie aber soll denn die Schule im Jahr 2030 aussehen?

Der World Innovation Summit for Education (WISE), die führende internationale Initiative für Innovation und Zusammenarbeit im Bildungsbereich, hat die Ergebnisse einer Umfrage unter 645 Experten seines globalen Netzwerks veröffentlicht und ihre Vision von Schule im Jahr 2030 präsentiert.[247]

Nach den Ergebnissen der WISE-Studie stehen unsere Bildungssysteme künftig vor weitreichenden Veränderungen. Schulen werden zu interaktiven Plattformen, bei denen technische Fortschritte und innovative Bildungsinhalte die Rolle der Lehrer und die Bildungslandschaft fundamental verändern.

---

[247] Vgl. im Folgenden: World Innovation Summit for Education (WISE): Wie sieht Schule im Jahr 2030 aus?, Doha, Qatar 2014

Die Studie belegt einen breiten Konsens darüber, dass Innovation ein wesentlicher Bestandteil zukünftiger Bildung darstellen wird. So befürworten 93 Prozent der befragten Experten Schulen, die innovative Methoden auf Basis neuer Lehrkonzepte und Kreativprozesse implementieren.

Die WISE-Experten sagen voraus, dass sich Schulen zu Lernnetzwerken entwickeln werden. Online-Ressourcen und Technologien werden Dialog sowie gegenseitigen Austausch befördern und eine Entwicklung in Richtung gemeinschaftliches Lernen ermöglichen. Fast die Hälfte der Experten glaubt, dass Inhalte in Zukunft hauptsächlich über Online-Plattformen bereitgestellt werden, während nur 29 Prozent die traditionelle Schule als primäre Quelle für Wissen ansehen.

75 Prozent der befragten Experten denken, dass im Jahr 2030 persönliche Fähigkeiten sowie soziale Kompetenzen die wertvollsten Eigenschaften sein werden. Nur 42 Prozent meinen, dass akademisches Wissen weiterhin einen hohen Stellenwert für Lernende haben wird. Außerdem glauben 75 Prozent der Experten, dass sich Lehrinhalte sehr viel individueller ausrichten werden, um den jeweiligen Bedürfnissen der Lernenden zu entsprechen.

Zusätzlich unterstreicht die Studie, dass Lehrer zukünftig weniger als Dozenten auftreten, sondern eher als Vermittler Wissen und Methoden managen werden. Die Experten sind sich einig, dass physische Präsenz und menschliches Interagieren auch in Zukunft unabdingbar bleiben.

Uneinig bleiben die Experten jedoch in Bezug auf Benotungen und Bewertung. 39 Prozent sind überzeugt, dass Zeugnisse weiterhin die wichtigsten

Bewertungsmethoden bleiben, während sich ein Drittel dafür ausspricht, dass professionelle Bewertungen von Fähigkeiten wie Führungskraft, Teamfähigkeit oder Kreativität eine gewichtigere Rolle einnehmen werden.

Abzuwarten bleibt, ob alles wirklich so kommt und kommen soll, wie es die WISE-Experten prognostizieren. Die Erfahrungen in der Vergangenheit haben gezeigt, dass gerade im Bereich der Schulen und der Bildungssysteme Innovationen und Veränderungen häufig heftig umstritten sind und sich deshalb meist deutlich langsamer durchsetzen und etablieren als vorausgesagt. Auch haben sich viele Reformen, wie zum Beispiel der Wechsel vom G 9-Gymnasium auf das G 8-System schon nach wenigen Jahren als reparaturbedürftig erwiesen. Bei aller Notwendigkeit, die Zukunft der Bildung zu gestalten: Manchmal kann es wohl auch hilfreich sein, Lernende und Lehrende in Ruhe arbeiten zu lassen, als ständig neue pädagogische Konzepte zu testen.

Trends für die Wissensgesellschaft

Eines aber steht fest: Beim Umbruch von der Industrie- zur Wissensgesellschaft wird Bildung zu einer Kulturfrage, die die ganze Gesellschaft betrifft. Am Megatrend Wissenskultur entscheidet sich die Zukunftsfähigkeit von Individuen, Unternehmen und ganzen Volkswirtschaften. Das Frankfurter Zukunftsinstitut sieht insbesondere folgende Trends für die Wissensgesellschaft:[248]

---

[248] Vgl. im Folgenden: Zukunftsinstitut: Wissenskultur Glossar, https://www.zukunftsinstitut.de/artikel/mtglossar/wissenskultur-glossar/ [Stand: 21.3.2020]

- Bildungsbusiness

  In der Wissensgesellschaft wird Bildung eines der wichtigsten Güter. Das erkennen immer mehr kommerzielle Bildungsanbieter und profitieren von einer steigenden Nachfrage. Eltern setzen auch außerhalb öffentlicher Schulbildung auf den Wissensvorsprung ihrer Kinder oder professionelle private Nachhilfe. Ebenso wird vermehrt in Leistungen von Hochschulen, Weiterbildungsangebote, Coaching und den Bereich der Online-Bildung investiert.

- Co-Working

  Die steigende Mobilität insbesondere von Beschäftigten in der Kreativwirtschaft lässt neue Kristallisationspunkte zum gemeinsamen Arbeiten und Teilen von Wissen entstehen. Co-Working Spaces sind Gemeinschaftsbüros, in denen zum Beispiel Selbstständige oder Projektteams temporäre Arbeitsplätze mieten können. Häufig sind diese Räume mehr als Büros – sie sind Orte der Begegnung, des Austausches und nicht selten der Geselligkeit.

- Crowdsourcing

  Crowdsourcing setzt auf die Weisheit der Vielen und bezeichnet die Auslagerung traditionell interner Unternehmensaufgaben an eine Gruppe freiwilliger User oder eine bestimmte Online-Community. Ziel ist meist, neue Service- oder Produktideen zu generieren, konkrete Probleme zu lösen, eine Entscheidungsfindung voranzutreiben oder sich inspirieren zu lassen.

- Digital Creatives

Die Digital Creatives, ein vom Zukunftsinstitut benannter Lebensstil, sind in der real-digitalen Welt zu Hause. Immer und überall online zu sein ist für sie selbstverständlich. Für die zumeist 14- bis 35-Jährigen sind digitale Technologien der wichtigste Zugang zu ihrer Umwelt. Diese Early Adopter experimentieren mit neuen Technologien – und nutzen die Möglichkeiten des Digitalen, um ihre Kreativität auszuleben.

- Edutainment

  Die Bedeutung von lebenslangem Lernen und dass es Spaß machen kann, zu lernen, zeigt sich an der großen Popularität von Edutainment-Formaten. Die Kombination aus Lernen (Education) und Unterhaltung (Entertainment) umfasst eine Vielzahl von Angeboten im Kultur- und Freizeitbereich. Edutainment reicht von Wissenschaftssendungen und interaktiven Ausstellungen bis zu Themenparks und Events wie Science Slams.

- Kollaboration

  Unter Kollaboration versteht man die oft technisch vermittelte Zusammenarbeit in Teams. Zielsetzung ist oft die Generierung neuer Ideen oder Problemlösungen, häufig ist die Zusammenarbeit intensiv, kreativ und zeitlich begrenzt. Durch Austausch entstehen Synnovationen, neue Verbindungen oder Sichtweisen. Die digitale Kommunikation ist dabei ein starker Treiber.

- Learning Analytics

  Als Learning Analytics wird das Messen, Sammeln, Analysieren und Auswerten von Daten über Lernende und ihren Kontext bezeichnet.

Ziel ist es, das Lernen und die Lernumgebung zu verstehen und zu optimieren. Der Zugriff auf die Daten wird möglich, da Lernangebote und -prozesse zunehmend von digitalen, virtuellen Systemen unterstützt werden. Spezielle Software macht es möglich, individuelle Lernverläufe genau zu erfassen und auszuwerten.

- Lifelong Learning

  Arbeitsumfelder, Jobprofile, Qualifikationsanforderungen – all das wandelt sich stetig. Der einmal absolvierte Abschluss reicht meist nicht mehr ein Leben lang aus. Beschäftigte müssen sich fortlaufend weiterbilden, zusätzliche Qualifikationen oder gar völlig neue Skills erwerben. Lifelong Learning ist allerdings nicht nur eine berufliche Notwendigkeit, sondern auch der Wunsch vieler Menschen, sich vielfältig weiterzuentwickeln.

- Open Innovation

  Die Entwicklung neuer Produkte mit dem oder sogar durch den Kunden, Partner, Zulieferer oder die Crowd wird als Open Innovation bezeichnet. Die Bandbreite reicht von Online-Plattformen, auf denen Produktverbesserungen und -entwicklungen diskutiert werden, bis hin zu Workshops mit den treuesten Kunden. Ziel von Open Innovation ist es, die Innovationsqualität und -bandbreite zu steigern und Kunden zu binden.

- Open Knowledge

  In der Informationsgesellschaft und der Wissensökonomie wird zunehmend das Ziel verfolgt, den Prozess der Wissensproduktion sowie den Zugang zu Informationsquellen und -ressourcen zu öffnen.

Forschungsergebnisse, Daten, Software, technologische Entwicklungen und vieles mehr werden vielfach frei verfügbar, so dass jeder an ihnen partizipieren, sie nutzen und daran weiterarbeiten kann.

- Playfulness

Unsere hypervernetzte Welt mit ihrem hohen Komplexitätslevel und den ständigen Überraschungen erfordert Playfulness – ein spielerisches Denken und Handeln. Ergebnisoffenes, exploratives Ausprobieren, Trial-and-Error und das Begreifen von Scheitern als Feedback machen den spielerischen Ansatz aus, durch den wir als Kinder komplexe Dinge lernen. Diese Playfulness gilt es in allen Bereichen des Erwachsenenlebens zu reaktivieren.

- Talentismus

Der „War for Talents", der Konkurrenzkampf um Fachkräfte, verschärft sich weltweit. In der Wissensgesellschaft sind kluge, kreative Köpfe zunehmend gefragt. Dabei geht es jedoch nicht mehr nur um standardisierte Qualifikationen und miteinander vergleichbare Abschlüsse. Stattdessen sind vielfältige Talente gefragt. Sie werden zu einer wichtigen ökonomischen und sozialen Währung für Unternehmen, aber auch für jeden Einzelnen.

Kreativität als Schlüsselkompetenz

Auch für die beiden Zukunftsforscher Reinhold Popp und Ulrich Reinhardt zählen Kreativität und Innovationsfähigkeit zu den wichtigsten Schlüsselkompetenzen für zukünftige Lebensqualität und Wettbewerbsfähigkeit.[249] Aber wo lassen sich diese Zukunftskompetenzen erlernen? In den heutigen Schulen und Hochschulen oftmals nur begrenzt.

Nach Auffassung von Popp/Reinhardt muss in den Schulen der Zukunft die kreative und innovationsorientierte Wissensaneignung im Mittelpunkt stehen. Dies funktioniert nur mit mehr multimedial unterstütztem, selbst organisiertem und forschendem Lernen, mit mehr fächerübergreifenden Projekten sowie mit einer neuen Schularchitektur.

Die zukunftsträchtige Förderung von Kreativität und Innovationsfähigkeit lebt von einer pädagogischen Grundhaltung: Respekt vor der Neugierde der Lernenden. Neugierde fördert Kreativität und Innovationsfähigkeit, die wiederum Motoren für soziale, kulturelle, technische, wirtschaftliche und politische Innovationen sind.

Popp/Reinhardt zitieren Albert Einstein als prominenten Zeugen für die kreative Kraft der Neugier, der sich selbst einmal folgendermaßen einschätzte: „Ich habe keine besondere Begabung, sondern bin nur leidenschaftlich neugierig."[250]

---

[249] Vgl. dazu: Reinhold Popp, Ulrich Reinhardt: Blickpunkt Zukunft, Berlin 2013, S. 55
[250] Ebd.

Neugier treibt uns sicher nach vorne, ohne lebenslanges Lernen fallen wir jedoch ebenso sicher wieder zurück. Da sich das für unsere Berufe relevante Wissen schnell wandelt, müssen sich Arbeitnehmer schon jetzt und verstärkt in Zukunft auf lebenslanges Lernen einstellen. Dafür ist einerseits jeder von uns selbst verantwortlich, andererseits müssen auch die Wirtschaft und die Weiterbildungseinrichtungen die Weiterbildungsangebote konsequent ausbauen.

Künftiger Vorlesungsbetrieb an der Universität

An Universitäten und in Weiterbildungseinrichtungen von Firmen und Bildungsträgern werden bereits heute unterschiedliche Formen virtueller Hochschulen sowie des computergestützten Lernens getestet. Ein Beispiel hierzu gibt Ulrich Eberl in seinem Buch „Zukunft 2050" zum künftigen Vorlesungsbetrieb der Universitäten:[251]

„Solche globalen Internetvorlesungen sind ein Vorgeschmack, wie Studenten künftig lernen werden: interaktiv, multimedial, unabhängig von Ort und Zeit, in einer Mischung aus Präsenzveranstaltung und elektronischem Lernen. Die klassische Vorlesung wird nicht verschwinden, weil der persönliche Austausch unter den Studierenden und die Betreuung durch Tutoren wichtig sind, aber sie werden multimedial ergänzt werden – gerade auch im Hinblick auf die spätere Arbeit in weltweiten Teams. Warum sollte ein Student aus München künftig nicht am Vormittag eine Veranstaltung an seiner Uni

---

[251] Ulrich Eberl: Zukunft 2050. Wie wir schon heute die Zukunft erfinden, Weinheim-Basel 2011, S. 176

besuchen, am Nachmittag an einer Internetvorlesung eines Nobelpreisträgers am Massachusetts Institute of Technology in Boston teilnehmen und sich am späten Abend noch mit Studienkollegen in Kalifornien und Japan zusammentun, um eine gemeinsame Forschungsarbeit voranzubringen: In einem virtuellen Raum mit Videoverbindung und Dokumentensharing?"

Ulrich Eberl ist überzeugt, dass sich in der globalisierten Welt des Jahres 2050 nicht nur die Firmen, sondern auch die Ausbildungseinrichtungen im ständigen Wettbewerb befinden. Bildung und Vermittlung von Wissen werden zur Handelsware werden. Künftig haben dann vor allem diejenigen Studenten und Arbeitnehmer die besten Chancen auf dem Arbeitsmarkt, die neben einem guten Fachwissen auch gelernt haben, weltoffen und marktorientiert zu denken und in internationalen Teams zu arbeiten.

15. Wertewandel: Mehr Wir-Gefühl als Ego-Kult?

Viele Fragen haben uns bisher beschäftigt: Welche Lebenserwartungen haben wir künftig? Wie entwickelt sich unsere Arbeitswelt? Wie wohnen wir in der Zukunft? Welche Entwicklungen zeichnen sich in den Bereichen Verkehr, Technologie, Digitalisierung oder bei der Medizin ab? Wie verbringen wir künftig unsere Freizeit? Was erfordert unsere Bildung in Zukunft? Wie entwickeln sich Medienwelt und Internet?

Eine wichtige Frage blieb bisher offen: Auf der Basis welcher Werte vollziehen sich diese Trends und Entwicklungen? Ändern sich auch unsere Werte? Und wenn ja, in welche Richtung?

Grundgesetz als Wertefundament

Zunächst: Das Grundgerüst für unsere Werte bildet das Grundgesetz der Bundesrepublik Deutschland, das vom Parlamentarischen Rat, dessen Mitglieder von den Landesparlamenten gewählt worden waren, am 8. Mai 1949 beschlossen und von den Alliierten genehmigt wurde. Artikel 1 garantiert die Unantastbarkeit der Menschenwürde und sichert die Rechtsverbindlichkeit der Grundrechte.[252]

---

[252] Grundgesetz für die Bundesrepublik Deutschland vom 23. Mai 1949 (BGBl. S. 1), zuletzt geändert durch Artikel 1 des Gesetzes vom 15. November 2019 (BGBl. I S. 1546)

Zu den Grundrechten mit Menschenrechtscharakter gehören insbesondere:[253] Das Recht jeder Person auf die freie Entfaltung seiner Persönlichkeit und das Recht auf Leben und körperliche Unversehrtheit. Alle Menschen sind vor dem Gesetz gleich. Männer und Frauen sind gleichberechtigt. Niemand darf wegen seines Geschlechts, seiner Abstammung, seiner Rasse, seiner Sprache, seiner Heimat und Herkunft, seines Glaubens, seiner religiösen oder politischen Anschauungen benachteiligt oder bevorzugt werden. Niemand darf wegen seiner Behinderung benachteiligt werden. Die Freiheit des Glaubens, des Gewissens und die Freiheit des religiösen und weltanschaulichen Bekenntnisses sind unverletzlich. Jeder hat das Recht, seine Meinung in Wort, Schrift und Bild frei zu äußern und zu verbreiten und sich aus allgemein zugänglichen Quellen ungehindert zu unterrichten. Die Pressefreiheit und die Freiheit der Berichterstattung durch Rundfunk und Film werden gewährleistet. Eine Zensur findet nicht statt.

Soweit die Nennung wesentlicher Grundrechte, die das Fundament unserer Werteordnung und die Voraussetzung für unsere freiheitlich-demokratische Grundordnung bilden. Ein Blick in andere Staaten, in denen zum Beispiel die Pressefreiheit eingeschränkt wird oder in denen Menschen aufgrund ihrer religiösen oder politischen Anschauungen benachteiligt und diskriminiert werden, zeigt uns, wie wichtig diese Grundrechte für das Zusammenleben in Deutschland nach wie vor und auch in Zukunft sind.

---

[253] Ebd. Artikel 2 ff.

Wertewandel

Das Grundgesetz und die Menschenrechte sind ein unverzichtbares Wertefundament. Für den einzelnen Menschen spielen aber auch – wie es der Soziologe Helmut Klages feststellt[254] – einerseits sogenannte Pflicht- und Akzeptanzwerte wie Fleiß, Pflichterfüllung, Gehorsam, Disziplin u.a. und andererseits Selbstentfaltungswerte wie Spontaneität, Genuss, Kreativität, Selbstverwirklichung u.a. eine Rolle für die Orientierung. Seit den 1970er Jahren hat sich – so Klages - das Gewicht von den traditionellen Pflicht-Werten stärker zu den Selbstentfaltungswerten verlagert und zu einer neuen Wertekombination geführt. Allerdings ist die Wertehierarchie unserer Gesellschaft kein starres System, sondern aufgrund sozialer, wirtschaftlicher oder technischer Veränderungen einem ständigen Wandel unterworfen.

Welche Werte schätzen die Deutschen für die Zukunft als wichtig ein? Hierzu hat die Stiftung für Zukunftsfragen 2000 Personen ab 14 Jahren in Deutschland befragt.[255] Ganz oben in der Werte-Rangfolge stehen Freundschaft und Verlässlichkeit, gefolgt von sozialer Gerechtigkeit, Hilfsbereitschaft und Liebe/Zärtlichkeit. Danach folgen Freiheit, Freundlichkeit, Pflichtbewusstsein, Loyalität und Verantwortung.

---

[254] Vgl. Helmut Klages: Wertorientierung im Wandel, Frankfurt am Main/New York 1984; sowie: Helmut Klages: Brauchen wir eine Rückkehr zu traditionellen Werten? in: Aus Politik und Zeitgeschehen, Nr. 29/2001, S. 7 ff.
[255] Vgl. Horst W. Opaschowski: Deutschland 2030. Wie wir in Zukunft leben, Gütersloh 2013, S. 631

Die Stiftung für Zukunftsfragen hat auch nach den zehn wichtigsten Erziehungszielen, die für die künftige Werteorientierung relevant sind, gefragt.[256] Bei den Erziehungszielen stehen ganz oben Ehrlichkeit, Verlässlichkeit und Hilfsbereitschaft, gefolgt von Selbstvertrauen, Selbstständigkeit, Anstand und Verantwortung. Es folgen Fleiß, Gerechtigkeit, Pflichtbewusstsein, Vertrauen und Toleranz.

Natürlich sind derartige Umfragen immer methodisch zu hinterfragen. Andere Umfragen kommen zu zum Teil deutlich abweichenden Ergebnissen. Dennoch geben diese Umfragen eine gewisse Vorstellung darüber, wie die Deutschen gegenwärtig und künftig ihre Wertvorstellungen sehen. Dabei darf nicht vergessen werden, dass Werte einem stetigen Wandel durch Trends und gesellschaftliche Veränderungsprozesse unterliegen.

Shell Jugendstudie 2019

Interessant ist die Frage, wie unsere heutige Jugend sich, ihre Welt und ihre Werte sieht. Bereits seit 1953 beauftragt Shell unabhängige Wissenschaftler und Institute mit der Erstellung von Studien, um Sichtweisen, Stimmungen und Erwartungen von Jugendlichen in Deutschland zu dokumentieren. Die aktuelle 18. Shell Studie „Jugend 2019"[257] widmet sich einer Generation, die vollständig im wiedervereinigten Deutschland aufgewachsen ist.

---

[256] Vgl. Reinhold Popp, Ulrich Reinhardt: Blickpunkt Zukunft, Berlin 2013, S. 42
[257] Vgl. im Folgenden: Shell Jugendstudie 2019. Eine Generation meldet sich zu Wort, unter: https://www.shell.de/ueber-uns/shell-jugendstudie/_jcr_content/par/toptasks.stream/1570708341213/4a002dff58a7a9540cb9e83ee0a37a0ed8a0fd55/shell-youth-study-summary-2019-de.pdf [Stand: 22.3.2020]

Kalter Krieg und Mauerfall, prägende Elemente beim Aufwachsen vorangegangener Generationen, kennt die junge Generation heute nur aus Erzählungen.

Die 18. Shell Studie zeigt als zentrale Resultate auf, dass sich Jugendliche vermehrt zu Wort melden und ihre Interessen und Ansprüche nicht nur untereinander, sondern zunehmend auch gegenüber Politik, Gesellschaft und Arbeitgebern artikulieren. Dabei blickt die Mehrheit der Jugendlichen eher positiv in die Zukunft. Ihre Zufriedenheit mit der Demokratie nimmt zu. Die EU wird überwiegend positiv wahrgenommen. Jugendliche sind mehrheitlich tolerant und gesellschaftlich liberal. Am meisten Angst macht Jugendlichen die Umweltzerstörung.

Die Shell-Jugendstudie vom Oktober 2019 kommt im Einzelnen zu folgenden Ergebnissen:[258]

- Interesse an Politik

  Das seit Beginn des Jahrtausends stark gestiegene Interesse an Politik bleibt stabil. Jugendliche meinen, dass politisches Engagement eine hohe Bedeutung hat. Diese Auffassung nimmt insbesondere bei Mädchen zu, bleibt jedoch vornehmlich auf höher gebildete Jugendliche beschränkt.

- Ängste und Sorgen

  Die Ängste und Sorgen reflektieren die Debatten der vergangenen Jahre. Umweltängste haben insbesondere bei höher Gebildeten

---

[258] Ebd.

stark an Bedeutung gewonnen. Die Debatten um Flucht und Migration spiegeln sich in gestiegener Angst sowohl vor Ausländerfeindlichkeit als auch – auf niedrigerem Niveau – vor Zuwanderung wider. Angst vor Zuwanderung äußern tendenziell eher die niedriger Gebildeten.

- Zuversicht und Gerechtigkeit

  Mehr als die Hälfte der Jugendlichen sieht die gesellschaftliche Zukunft eher positiv. 59 Prozent finden, dass es in Deutschland insgesamt gerecht zugeht. Das gilt für West- und Ostdeutschland gleichermaßen.

- Europäische Union

  50 Prozent der Jugendlichen stehen der EU insgesamt positiv, aber nur acht Prozent negativ gegenüber. Das Vertrauen in die Staatengemeinschaft hat eher zugenommen. Sie steht bei Jugendlichen für Freizügigkeit, kulturelle Vielfalt und Frieden, im Vergleich zu 2006 zunehmend aber auch für wirtschaftlichen Wohlstand und soziale Absicherung.

- Populismus

  Bestimmte rechtspopulistisch orientierte Aussagen stoßen auch bei Jugendlichen auf Zustimmung. So stimmen mehr als zwei Drittel der Aussage zu, dass man nichts Negatives über Ausländer sagen darf, ohne als Rassist zu gelten. Graduell sind westdeutsche Jugendliche und höher gebildete eher weltoffener als ostdeutsche und weniger gebildete.

- Vielfalt und Toleranz

  Die Trends zu einer immer bunteren Gesellschaft geht bei Jugendlichen mit einem hohen Maß an Toleranz einher. Die Studie zeigt, dass Mädchen und Jungen verschiedenen gesellschaftlichen Gruppen und Minderheiten mit sehr großer Mehrheit positiv gegenüberstehen. Die Ablehnungswerte liegen durchweg bei unter 20 Prozent.

- Zufriedenheit mit der Demokratie, Politikverdrossenheit und Vertrauen in Institutionen

  Mehr als drei Viertel der Jugendlichen sind mit der Demokratie zufrieden. Gleichzeitig kritisieren mehr als zwei Drittel, dass die Politiker sich nicht um ihre Belange kümmern, was als Ursache für Politikverdrossenheit gesehen werden kann. Bei der Frage nach dem Vertrauen in Institutionen kommen die Polizei, das Bundesverfassungsgericht und Umweltschutzgruppen auf deutlich überdurchschnittliche Werte. Großen Unternehmen, Kirchen, Parteien und Banken wird deutlich weniger Vertrauen entgegengebracht.

- Wertorientierungen

  Für die überwältigende Mehrheit der Jugendlichen bilden nach wie vor gute Freunde, eine vertrauensvolle Partnerschaft und ein gutes Familienleben die wichtigsten Werte. Ein hoher Lebensstandard und die Durchsetzung eigener Bedürfnisse verlieren vergleichsweise stark an Bedeutung. Insgesamt stehen idealistische, eher sinnstiftende Wertorientierungen bei jungen Menschen wieder höher im

Kurs. Gegenläufig ist die Entwicklung bei tendenziell materialistischen Orientierungen, die darauf abzielen, die persönliche Macht und Durchsetzungskraft zu steigern.

- Eltern und Familie

  Im Ergebnis zeichnet sich ein relativ familienorientiertes Bild ab. Das Verhältnis der Jugendlichen zu ihren Eltern ist überwiegend gut. Die Mehrheit sieht ihre Eltern als Erziehungsvorbilder. Der Kinderwunsch ist stabil. Bei der Familiengründung wünschen sich vor allem westdeutsche Männer und Frauen, dass der Mann der Haupt- oder Alleinversorger der Familie ist.

- Religion

  Die große Mehrheit der Jugendlichen ist Mitglied einer Religionsgemeinschaft. Dabei liegt der Wert aktuell zwar niedriger als 2015, aber höher als 2002. Während die christlichen Konfessionen seit 2002 stetig an jugendlichen Mitgliedern verloren haben (allein zwischen 2015 und 2019 um fünf Prozentpunkte), haben der Islam und andere nicht-christliche Religionen an Bedeutung gewonnen. Der Anteil der Konfessionslosen stagniert. Der Anteil der Jugendlichen, für die der Glaube an Gott tatsächlich wichtig ist, liegt mit fast einem Drittel allerdings deutlich niedriger und hat seit 2002 sogar leicht abgenommen.

- Schule und Abschluss

  Der Trend zu höheren Bildungsabschlüssen hält an. Das Gymnasium ist unangefochten die populärste Schulform und unter den Mäd-

chen sogar schon die Schule, die von einer absoluten Mehrheit besucht wird. Entsprechend ist das Abitur der mit Abstand am häufigsten angestrebte Schulabschluss. Der Trend zur akademischen Bildung nimmt weiter zu. Integrierte Schulformen, die in fast allen Bundesländern eingeführt wurden, verzeichnen die stärksten Zuwächse seit 2015. Der Anteil der Jugendlichen, die sie besuchen, hat sich seit 2002 verdoppelt. Entsprechend weniger Jugendliche gehen auf eine Haupt- oder Realschule.

- Zusammenhang Bildung und soziale Herkunft

    Nach wie vor lässt sich ein starker Zusammenhang zwischen Bildungserfolg und sozialer Herkunft feststellen. Bei Jugendlichen aus bildungsfernen Elternhäusern ist es nur halb so wahrscheinlich, dass sie das Abitur erreichen wie bei Jugendlichen aus gebildeten Elternhäusern. Allerdings ist die Bildungspolitik der letzten Jahre insofern erfolgreich, als auch Jugendliche aus bildungsfernen Schichten das Abitur mittlerweile deutlich häufiger anstreben bzw. erreichen als früher.

Die 18. Shell Studie zeigt, dass die heutige Jugend keine „Null-Bock" Generation ist, sondern mit kritischem Engagement und einer grundsätzlich positiven Grundeinstellung den Weg in die Zukunft geht. Viele Jugendliche zeichnet ein zunehmendes Umwelt- und Klimabewusstsein aus, aber auch Weltoffenheit und Toleranz.

Wege zu einer zukunftsfähigen Kultur

Alois Glück, einer der wenigen Politiker, die als "Vordenker" Respekt und Anerkennung über die Parteigrenzen hinaus genießen, hat sich mit den Grundlagen einer zukunftsfähigen Kultur und mit der prägenden Wirkung von Werten und Leitbildern beschäftigt. Dazu im Folgenden einige Gedanken von Alois Glück:[259]

„Werte und Leitbilder steuern unser Handeln. Ökonomische Kennziffern und das Management der Fakten sind wichtig, reichen aber für das notwendige Gestalten nicht aus, allenfalls für das Verwalten von Sachverhalten. Aber: Kompetenz und Geld führen noch nicht zu einer menschlichen Welt. Deshalb ist die erste Frage: Was sind unsere Leitvorstellungen für Staat und Gesellschaft, für das Zusammenleben? Und weiter: Was ist für uns wichtig? Wie wollen wir morgen leben?

Das Fundament einer „zukunftsfähigen Kultur" sehe ich in einer gelebten Verbindung von Freiheit und Verantwortung. Viele Entwicklungen in Deutschland, die wir als Fehlentwicklungen registrieren, haben ihre tiefere Ursache in der Entkoppelung vom Anspruch auf Freiheit und der Bereitschaft, Verantwortung zu übernehmen. Das Leitbild für Erziehung und Bildung, die gesellschaftspolitischen und staatspolitischen Ziele einer solchen

---

[259] Vgl. im Folgenden: Alois Glück: Wie können wir morgen leben? Der Weg zu einer zukunftsfähigen Kultur, München 2008, S. 17 ff.

Verantwortungskultur, will ich so beschreiben: Verantwortung übernehmen für sich selbst, für Mitmenschen – die soziale Komponente, für das Gemeinwesen und für die nachkommenden Generationen.

Der zentrale Punkt aller Wertedebatten, aller Orientierungsdebatten ist das Menschenbild. Für uns ist es das Menschenbild der christlich-europäischen Wertetradition, das jedem Menschen dieselbe Würde zuerkennt und jede Abwägung nach Nützlichkeit jedweder Art ablehnt. Das ist aus unserer Sicht der unverzichtbare Kern einer humanen Gesellschaft. Es ist ein Menschenbild, aus dem heraus auch die grundlegenden Werte unserer Verfassung und der Rechtsnormen gewachsen sind.

Die Innovationskraft einer Gesellschaft, der Wille und die Fähigkeit zur ständigen Erneuerung und Weiterentwicklung bestimmen in hohem Maße unsere Zukunftsfähigkeit. Dies zu fördern, ist Aufgabe in allen Handlungsfeldern. Nur durch die Beschwörung von Werten wird ein Land oder eine Gesellschaft nicht zukunftsfähig. Es kommt elementar darauf an, ob es die Fähigkeit zur Veränderung, zur Erneuerung, zu Weiterentwicklung gibt.

Ebenso wichtig wie die Innovation ist die innere Stabilität der Gesellschaft und damit verbunden die Stabilität des Landes. Das erfordert wiederum die Einsicht, dass die Förderung der kulturellen und sozialen Kräfte für die Zukunftsfähigkeit ebenso wichtig ist wie Innovationen, das Management des Wissens, die entsprechende Umsetzung in Handeln, in Produkte. Es geht um die richtige Verbindung von Dynamik und Stabilität.

Die größte Herausforderung ist der unerlässliche Wandel vom kurzfristigen zum längerfristigen Denken und Handeln. Unser gesamtes Denken, die ganzen Erfolgsmuster, viele Mechanismen in der Ökonomie sind abgestimmt auf den kurzfristigen Erfolg. Beim Wandel von kurzfristigen zum längerfristigen Denken wird der Maßstab „Nachhaltigkeit" zum zentralen Orientierungspunkt. Längerfristiges Denken nicht nur bezogen auf die Vergangenheit, unsere Herkunft, unsere Prägung, unsere Identität, sondern längerfristiges Denken auch mit Blick auf die Zukunft und aus Verantwortung, weil wir kein Recht haben, heute gut zu leben auf Kosten der Nachkommen."

Alois Glück hat mit diesen und vielen weiteren Gedanken[260] wichtige Impulse gegeben für einen Weg zu einer zukunftsfähigen Kultur. Welche Fehler wir gegenwärtig und künftig auf diesem Weg machen, ob wir bereit sind, die Verbindung von Freiheit und Verantwortung zu leben, ob wir die richtige Verbindung zwischen Dynamik und Stabilität gewährleisten können und ob wir auf dem Weg in die Zukunft die Nachhaltigkeit beachten, bleiben für uns alle zentrale Fragen und große Herausforderungen.

Zukunftshoffnungen der Deutschen

Von welchen Hoffnungen lassen wir uns auf dem Weg in die Zukunft leiten? Welche Zukunftshoffnungen die Deutschen auf ihrem Weg in die nächsten

---

[260] Vgl. z.B. auch: Alois Glück: Warum wir uns ändern müssen. Wege zu einer zukunftsfähigen Kultur, München 2010

Jahrzehnte haben, zeigt eine Repräsentativbefragung des Berliner Ipsos-Instituts. Die zehn wichtigsten Zukunftshoffnungen der Deutschen sind demnach:[261]

- Familie als wichtigster Lebensinhalt:
  „Was auch immer auf uns zukommt: Für mich ist und bleibt die Familie das Wichtigste im Leben."
- Mehr Wir-Gefühl als Ego-Kult:
  „Für Egoismus ist in unserer Gesellschaft weniger Platz. Wir müssen mehr zusammenhalten."
- Freundschaft zwischen den Generationen:
  „Der Generationenzusammenhalt zwischen Enkeln, Kindern, Eltern und Großeltern wird immer wichtiger."
- Gemeinschaft auf Gegenseitigkeit:
  „Wer staatliche Sozialleistungen in Anspruch nimmt, sollte auch ein Mindestmaß an Gegenleistung für die Gesellschaft erbringen und gemeinnützige Aufgaben übernehmen."
- Zukunftsoptimismus als Lebenskonzept:
  „Bei mir überwiegt die positive Einstellung zum Leben. Ich blicke optimistisch in die Zukunft"
- Vertrauen als sozialer Kitt:
  „Vertrauen, Verantwortung und Verlässlichkeit zwischen den Menschen halten unsere Gesellschaft in Zukunft zusammen."

---

[261] Vgl. Horst W. Opaschowski: So wollen wir leben! Die 10 Zukunftshoffnungen der Deutschen, Gütersloh 2014, S. 114

- Honorierung gemeinnütziger Tätigkeiten:
  „Freiwillige ehrenamtliche und gemeinnützige Tätigkeiten sollten in Zukunft durch Aufwandsentschädigungen und Steuererleichterungen gefördert und honoriert werden."
- Soziale Konvois als Wegbegleiter:
  „Ich stehe heute schon Verwandten, Freunden und Nachbarn öfter für Hilfeleistungen zur Verfügung."
- Eltern als Doppelverdiener-Familie:
  „Damit Eltern einer beruflichen Tätigkeit nachgehen und für ihr Einkommen selbst sorgen können, sollte die Kinderbetreuung in Kindergärten und Kindertagesstätten grundsätzlich kostenlos sein."
- Mehr Hilfe- als Dienstleistungsgesellschaft:
  „Kommerzielle Dienst- und Hilfsleistungen können sich immer weniger Menschen leisten. Wir brauchen mehr Tausch- und Helferbörsen in der Nachbarschaft, bei denen sich Jung und Alt gegenseitig unterstützen und helfen können."

Tendenz zu prosozialen Werten

Diese Zukunftshoffnungen der Deutschen gehen in die Richtung der Feststellungen des Soziologen Karl-Heinz Hillmann in seinem Buch „Wertewandel. Ursachen, Tendenzen, Folgen".[262] Seit Beginn des 21. Jahrhunderts zeichnet sich nach Hillmann ein Wertewandel mit positiver Grundrichtung ab. Im Vordergrund stehen wieder „prosoziale Werte", die auf ein gutes

---

[262] Karl-Heinz Hillmann: Wertewandel. Ursachen, Tendenzen, Folgen, Würzburg 2003

Zusammenleben der Menschen ausgerichtet sind. Dazu zählen vor allem Freundschaft und Verlässlichkeit, aber auch soziale Gerechtigkeit, Hilfsbereitschaft, Loyalität und Verantwortung.

Ulrich Beck sieht unser Zeitalter nicht durch Werteverfall und Ich-Sucht bedroht. Es sei vielmehr dadurch gefährdet, dass es nicht gelinge, die schöpferischen Impulse der Menschen in politisch-öffentliche Themen, Prioritäten und Formen zu übersetzen und dass sich die Suche nach den Grundlagen des "eigenen Lebens" in einem unendlichen Regress des Privaten verlaufe und verliere.[263] Beck hat seine vielbeachtete Theorie einer Risikogesellschaft vor dem Hintergrund der Tschernobyl-Katastrophe entworfen.[264]

Die Zukunft – so Helmut Klages – gehört einem Persönlichkeitstyp, der gleichermaßen traditionelle und moderne Werte schätzt und verkörpert.[265] „Aktive Realisten" sind Menschen, die sich zwischen Altem und Neuem souverän zu bewegen wissen. Sie repräsentieren ein spannungsreiches Persönlichkeitsprofil, können diszipliniert und gleichzeitig kommunikativ, durchsetzungsfähig und kooperativ, fleißig und sensibel, aktiv und kreativ sein. Die neuen aktiven Realisten haben Tradition und Moderne verinnerlicht und leben danach.

---

[263] Vgl. Ulrich Beck: Das Zeitalter des „eigenen Lebens", Individualisierung als „paradoxe Sozialstruktur" und andere offene Fragen, unter: https://www.bpb.de/a-puz/26127/das-zeitalter-des-eigenen-lebens [Stand: 23.3.2020]
[264] Vgl. Ulrich Beck: Risikogesellschaft. Auf dem Weg in eine andere Moderne, Frankfurt am Main 1986
[265] Helmut Klages: Brauchen wir eine Rückkehr zu traditionellen Werten? in: Aus Politik und Zeitgeschehen, Nr. 29/2001, S. 10 ff.

Jedes gesellschaftliche System, so auch das deutsche System, ist in Bewegung. Der Wertewandel kommt nicht über Nacht, sondern kündigt sich lange vorher an. In der Vergangenheit konnten wir einen Wertewandel von der Überbetonung des materiellen Sicherheitsdenkens in Richtung auf eine Höherbewertung immaterieller Aspekte des Lebens – und das nicht nur bei der Jugend – beobachten. Ob der Trend zu „prosozialen Werten" anhält oder ob unser Wertesystem in den nächsten Jahrzehnten neue Werte und wenn ja, welche Kombinationen und Gewichtungen enthält, lässt sich heute noch nicht erkennen.

Empfehlungen eines Zukunftsforschers

Schließen wir unsere Betrachtungen mit zehn Empfehlungen des „Altmeisters" der deutschen Zukunftsforschung, Horst W. Opaschowski, die aus seiner jahrzehntelangen Arbeit über die Zukunft Deutschlands erwachsen sind.

Opaschowski: Wer persönliches Wohlergehen (und nicht nur materiellen Wohlstand) erreichen will, der/die sollte die folgenden zehn Anleitungen und Empfehlungen für ein gelingendes Leben im 21. Jahrhundert beherzigen:[266]

- Bleib nicht dauernd dran; schalt doch mal ab.
- Versuche nicht, permanent deinen Lebensstandard zu verbessern oder ihn gar mit Lebensqualität zu verwechseln.

---

[266] Horst W. Opaschowski: So wollen wir leben! Die 10 Zukunftshoffnungen der Deutschen, Gütersloh 2014, S. 197

- Knüpfe dir ein verlässliches soziales Netz, damit dich Freunde und Nachbarn als soziale Konvois ein Leben lang begleiten können.
- Mach die Familie zur Konstante deines Lebens und ermutige Kinder und Jugendliche zu dauerhaften Bindungen.
- Definiere deinen Lebenssinn neu: Leben ist die Lust zu schaffen.
- Genieße nach Maß, damit du länger genießen kannst.
- Mach nicht alle deine Träume wahr; heb dir noch unerfüllte Wünsche auf.
- Du allein kannst es, aber du kannst es nicht allein. Hilf anderen, damit auch dir geholfen wird.
- Tu nichts auf Kosten anderer oder zu Lasten nachwachsender Generationen. Sorge nachhaltig dafür, dass das Leben kommender Generationen lebenswert bleibt.
- Verdien dir deine Lebensqualität durch Arbeit oder gute Werke: Es gibt nichts Gutes; es sei denn, man tut es.

Jeder Einzelne von uns soll und muss natürlich reflektieren, was für ihn davon besondere Relevanz hat. Doch es lohnt sich, dies zur Kursbestimmung auf dem Weg in unsere Zukunft zu tun. Denn wie sagte schon der französische Humanist und Philosoph Michel de Montaigne (1533 – 1592)?

„Kein Wind ist demjenigen günstig, der nicht weiß, wohin er segeln will."

16. Ausblick: Wem gehört die Zukunft?

Vor 10.000 Jahren waren die meisten Menschen Jäger und Sammler. Doch die Zukunft gehörte den Bauern. Bis Ende des 18. Jahrhunderts waren mehr als 90 Prozent der Menschen Bauern.[267] Für Jäger und Sammler spielte die Zukunft keine große Rolle, da sie von der Hand in den Mund lebten und kaum Möglichkeiten hatten, Vorräte oder Besitzungen anzuhäufen. Bauern hingegen mussten schon immer an die Zukunft denken. Kurz nachdem das Korn gedroschen war, stand der Bauer schon wieder auf dem Feld: Er hatte zwar genug zu essen für die kommenden Tage, Wochen und Monate, doch er musste schon wieder für das nächste und übernächste Jahr planen.

Seit Beginn des 19. Jahrhunderts kam es zu tiefgreifenden Umbrüchen. Vorausdenken wurde immer wichtiger. Die Erste Industrielle Revolution brachte die Erfindung der Dampfmaschine und den Bau von Eisenbahnen. Die bis in das frühe 20. Jahrhundert hineinreichende Zweite Industrielle Revolution führte durch die Nutzung der Elektrizität und durch die Erfindung des Fließbandes zur Massenproduktion.

Die Dritte Industrielle Revolution, auch Computer- oder digitale Revolution genannt, begann in den 1960er Jahren.

Am Anfang des 21. Jahrhunderts stehen wir – wie es der langjährige Vorsitzende des Weltwirtschaftsforums Klaus Schwab formuliert – am Beginn der

---

[267] Vgl. im Folgenden: Yuval Noah Harari: Eine kurze Geschichte der Menschheit, 23. Aufl., München 2015, S. 128 ff.

Vierten Industriellen Revolution.[268] Dies ist der Beginn eines tiefgreifenden Wandels, der unsere Art zu leben, zu arbeiten und miteinander zu interagieren, grundlegend verändern wird.

Technische Innovationen erzielen Durchbrüche und verstärken sich gegenseitig. Künstliche Intelligenz, Internet der Dinge, 3D-Druck, Nano-, Bio- oder Gentechnologie, Robotik und viele andere Technologien führen durch Vernetzungen und Querschnittswirkungen zu überraschenden neuen Lösungen. Das Tempo und die Breitenwirkungen sind selbst für Experten kaum noch einschätzbar.

Rechenleistungen, Speicherkapazitäten und der Zugang zu Wissen stehen für bald Milliarden von Menschen in einem bisher unbekannten Umfang zur Verfügung. Der technologische Wandel hat das Potenzial, die Fliehkräfte, die in unserer Gesellschaft angelegt sind, noch zu verstärken. Die Beschleunigung ist spürbar. Die Wellen des technischen Fortschritts erreichen uns in immer kürzeren Abständen.

Bei allem technischen Fortschritt: Es wäre ein Irrglauben davon auszugehen, dass sich alle Probleme technisch sofort und vollständig lösen lassen. 2020 hat die Corona-Pandemie gezeigt, dass weltweit trotz hochspezialisierter Labore und Forschungseinrichtungen die Entwicklung geeigneter Medikamente und wirkungsvoller Impfstoffe nicht in wenigen Wochen o-

---

[268] Klaus Schwab: Die Vierte Industrielle Revolution, 3. Aufl., München 2016

der Monaten zu lösen ist. Viren und Naturkatastrophen zeigen der Menschheit ihre Grenzen auf. Demut ist angesagt und nicht grenzenlose Fortschrittsgläubigkeit.

Kann in dieser Umbruchphase unsere Gesellschaft stabil bleiben? Kann in der Vierten Industriellen Revolution der soziale Zusammenhalt gewahrt werden, der Zusammenhalt zwischen Wohlhabenden und Geringverdienern, zwischen Hochqualifizierten und gering Qualifizierten, zwischen Stadt und Land, Ost und West? Können wir den Trend der Polarisierung unserer Gesellschaft umkehren? Und wenn ja, wie? Zahlreiche Fragen lassen sich gegenwärtig nicht schlüssig beantworten.

Vieles, was vor 20 Jahren noch undenkbar erschien, ist jetzt in greifbare Nähe gerückt. Die selbstfahrenden Autos sind bereits im Probebetrieb und werden in wenigen Jahren zur Realität im Alltagsverkehr. Selbst fliegende Autos gibt es schon, auch wenn diese Prototypen noch keineswegs für einen breiteren Einsatz geeignet sind.

Im Verlauf der Vierten Industriellen Revolution wird alles, wirklich alles miteinander vernetzt werden: das Smartphone mit dem Kühlschrank, das Auto mit dem Haus, die eine Fabrik mit der anderen, die Maschine in Deutschland mit der Maschine in Indien oder Japan, das intelligente Pflaster auf unserer Brust mit unserem Arzt. Es ist das Ende der rein mechanischen Welt.

Ausländische Plattform-Player, insbesondere aus dem Silicon Valley, wie Amazon, Google (Alphabet), Uber, Airbnb oder Booking.com verändern die Spielregeln in vielen Branchen. Der Einzelhandel, die Musikindustrie, die

Touristikbranche und die Medienindustrie durchleben diesen Wandel bereits seit längerem. In anderen Bereichen wie Finanzwesen, Transport und Logistik oder Maschinenbau hat der Wandel gerade begonnen.

Die Vielzahl und das Tempo der Umbrüche lösen natürlich auch Ängste aus. Insbesondere die Arbeitswelt steht unter Druck. Hat am Ende der Siemens-Chef Joe Kaeser Recht, wenn er meint, dass „absehbar einige auf der Strecke bleiben, weil sie mit der Geschwindigkeit auf der Welt einfach nicht mehr mitkommen"?[269] Brauchen wir deshalb zwar noch nicht jetzt, aber in einigen Jahren ein bedingungsloses Grundeinkommen? Oder schafft auch die neue Arbeitswelt genügend Arbeit für möglichst viele?

Was passiert, wenn die Künstliche Intelligenz einmal die Menschen bei vielen Aufgaben übertrifft? Können Wirtschaft und Gesellschaft die Stärken der Künstlichen Intelligenz gezielt nutzen oder kommt es zu unkalkulierbaren Verwerfungen? Auch diese Fragen lassen sich derzeit nicht schlüssig beantworten. Der Astrophysiker Stephan Hawking sagte wenige Monate vor seinem Tod bei der Technologie-Konferenz „Web Summit" in Lissabon:[270] „Erfolg bei der Schaffung einer effektiven Künstlichen Intelligenz könnte das größte Ereignis in der Geschichte unserer Zivilisation sein. Oder das Schlimmste. Wir wissen es einfach nicht."

---

[269] Vgl. Max Hägler,: Siemens-Chef plädiert für ein Grundeinkommen, in: Süddeutsche Zeitung vom 20.11.2016; https://www.sueddeutsche.de/wirtschaft/sz-wirtschaftsgipfel-siemens-chef-plaediert-fuer-ein-grundeinkommen-1.3257958 [Stand: 28.1.2020]
[270] https://futurezone.at/science/stephen-hawking-ki-koennte-schlimmstes-ereignis-der-menschheit-werden/296.805.846 [Stand: 19.2.2020]

Internet und Smartphone haben unserer Gesellschaft und Wirtschaft sicherlich gewaltige Vorteile gebracht. Ist aber zum Beispiel die ständige Erreichbarkeit im Beruf und im Privatleben durch Internet und Smartphone nur ein Vorteil oder auch eine gesundheitliche Belastung? Deutsche schauen durchschnittlich 88mal täglich auf ihr Handy.[271] Welche Folgen ergeben sich daraus? Ist, wie von manchen gefordert wird, eine „Handy-Diät" notwendig?

Viele weitere Themen wie Datenschutz, Hackerangriffe, Suchtgefahr, Hass im Netz oder Cyberkriminalität zeigen: Technischer Fortschritt hat auch Schattenseiten, die uns nicht entgleiten dürfen. Es ist eine Herkulesaufgabe für Staat, Gesellschaft, Wissenschaft und Wirtschaft, dafür zu sorgen, dass künftige Entwicklungen der Allgemeinheit nutzen und nicht schaden.

Besonders deutlich wird dies beim drängenden Thema Klimawandel. Unsere gesellschaftliche und wirtschaftliche Entwicklung kann im Fortbestand gefährdet sein, wenn hier nicht entschlossen gegengesteuert wird. National ist zwar Etliches vorangekommen, international lässt aber Vieles zu wünschen übrig, wenn wir allein an China, Indien oder die USA denken. Auf jeden Fall: Klima und Umweltschutz werden die Entwicklung unserer nächsten Jahrzehnte nachhaltig prägen.

Wo stehen wir heute auf dem Weg in das 21. Jahrhundert? Ranga Yogeshwar gibt dazu eine realistische Positionsbestimmung:

---

[271] https://webcare.plus/menthal-balance/ [Stand: 26.2.2020]

„Die Welt von heute ist in vielerlei Hinsicht besser, als sie je war, und es gibt viele Gründe dafür, dass dieser Trend sich fortsetzt. Vor uns stehen eine Reihe von Herausforderungen: Unser Wirtschaftssystem dürfte an manchen Stellen neu justiert werden müssen, und auch unser Ressourcenverbrauch muss langfristig den elementaren Kriterien der Nachhaltigkeit genügen. Das Bewusstsein hierfür steigt, und wenn es uns gelingt, neue Prioritäten für das Zusammenleben zu setzen, können wir diese Ziele auch mittelfristig erreichen. Die Angstszenarien von intelligenten Robotern, die bald unsere Welt übernehmen, teile ich ebenso wenig wie die Vision baldiger Unsterblichkeit. Technik kann fürwahr nicht alles.

Überhaupt sollten wir uns bewusst machen, dass die Wissenschaft, entgegen der verbreiteten Annahme, noch immer sehr wenig versteht. Viele Prozesse des Lebens halten ihr Geheimnis noch immer für uns verschlossen, und die wunderbaren Wechselwirkungen der Natur werden auch in Zukunft noch lange ein Rätsel bleiben. ...

Wir sollten keine Angst vor dem Morgen haben, denn wir leben in der aufregendsten Zeit, die es je gab. Worauf also warten wir? Unsere Zukunft hat begonnen ..."

Soweit Ranga Yogeshwar in seinem Buch „Nächste Ausfahrt Zukunft".[272] Beachten wir aber– bevor wir die „nächste Ausfahrt in unsere Zukunft" nehmen - den Gedanken des Anthropologen und Philosophen Pierre Teilhard de Chardin (1881 – 1955):

„Die Zukunft gehört denen, die der nachfolgenden Generation Grund zur Hoffnung geben."

---

[272] Ranga Yogeshwar: Nächste Ausfahrt Zukunft. Geschichten aus einer Welt im Wandel, Köln 2017, S.369 ff.

Literaturverzeichnis

ARD/ZDF-Medienkommission: Massenkommunikation IX. Eine Langzeitstudie zur Mediennutzung und Medienbewertung 1964 - 2015, Wiesbaden/Frankfurt 2015

Autorengruppe Bildungsberichterstattung: Bildung in Deutschland 2016, Ein indikatorgestützter Bericht mit einer Analyse zu Bildung und Migration, Bielefeld 2016

Bayerisches Staatsministerium der Finanzen und für Heimat: Digitale Infrastruktur in Bayern 2019, Breitband-WLAN Bericht, München 2019

Bayerische Staatsregierung: Bericht aus der Kabinettssitzung vom 2. April 2019, unter: https://www.bayern.de/bericht-aus-der-kabinettssitzung-vom-2-april-2019/?seite=1617 [Stand: 4.3.2020]

Beck, Ulrich: Das Zeitalter des „eigenen Lebens", Individualisierung als „paradoxe Sozialstruktur" und andere offene Fragen, unter: https://www.bpb.de/a-puz/26127/das-zeitalter-des-eigenen-lebens [Stand: 23.3.2020]

Beck, Ulrich: Risikogesellschaft. Auf dem Weg in eine andere Moderne, Frankfurt am Main 1986

Beise, Marc; Schäfer, Ulrich: Deutschland digital. Unsere Antwort auf das Silicon Valley, Frankfurt am Main 2016

Berlin-Institut für Bevölkerung und Entwicklung: Die demografische Lage der Nation, Berlin 2011

Bertelsmann-Stiftung: 2050: Die Zukunft der Arbeit. Ergebnisse einer internationalen Delphi-Studie des Millennium Project, Gütersloh 2016

Bezmalinovic, Tomislav: „KI ist unbesiegbar": Go-Champion Lee Sedol gibt auf, unter: https://mixed.de/go-champion-hoert-auf-ki-unschlagbar/ [Stand: 19.2.2020]

Biocom AG: Biotechnologie.de. Was ist Biotechnologie? unter: http://biotechnologie.de/knowledge_base_articles/1-was-ist-biotechnologie [Stand: 11.3.2020]

BMW Group: Neues Kompetenzzentrum für autonomes Fahren, unter: https://www.press.bmwgroup.com/deutschland/article/detail/T0280021DE/neues-kompetenzzentrum-fuer-autonomes-fahren-bmw-group-eroeffnet-offiziell-den-campus-fuer-autonomes-fahren-in-unterschleissheim-bei-muenchen?language=de [Stand: 18.2.2020]

Breunig, Christian; van Eimeren, Birgit: 50 Jahre „Massenkommunikation": Trends in der Nutzung und Bewertung der Medien, in: Media Perspektiven, 11/2015

Brühl, Jannis: Internet der Dinge, Risse im Netz, in: Süddeutsche Zeitung vom 28. Nov. 2016

Bujak, Lena: Dieses Haus kommt aus dem Computer, unter: https://orange.handelsblatt.com/artikel/22482 [Stand: 3.3.2020]

Bundesinstitut für Bevölkerungsforschung: Haushaltsstrukturen, Wiesbaden 2016

Bundesministerium für Arbeit und Soziales: Arbeit weiter denken. Grünbuch Arbeiten 4.0, Berlin 2015

Bundesministerium für Bildung und Forschung: Aktionsplan Individualisierte Medizin. Ein neuer Weg in Forschung und Gesundheitsversorgung, Berlin 2013

Bundesministerium für Bildung und Forschung: Digitalisierung in der Medizintechnik, Berlin 2020

Bundesministerium für Bildung und Forschung: Vom Roboter gepflegt werden? Für jeden Vierten vorstellbar, unter: https://www.bmbf.de/de/vom-roboter-gepflegt-werden-fuer-jeden-vierten-vorstellbar-950.html [Stand: 11.3.2020]

Bundesministerium für Bildung und Forschung: Zukunft der Arbeit. Innovationen für die Arbeit von morgen, Bonn 2016

Bundesministerium für Bildung und Forschung: Zukunftsbild „Industrie 4.0", Bonn 2016

Bundesministerium für Bildung und Forschung: ZukunftsForum I: Gesundheit neu denken. Der ZukunftsMonitor, Berlin 2015

Bundesministerium für Bildung und Forschung: ZukunftsMonitor III. Lehren, Lernen und Leben in der digitalen Welt, Berlin 2016

Bundesministerium für Familie, Senioren, Frauen und Jugend: Bericht zum Thema „Wertewandel in der Jugend und anderen gesellschaftlichen Gruppen durch Digitalisierung", Berlin 2016

Bundesministerium für Umwelt, Naturschutz, Bau und Reaktorsicherheit: Klimaschutzplan 2050, Berlin November 2016

Bundesministerium für Verkehr und digitale Infrastruktur: Intelligente Verkehrssysteme; unter: https://www.bmvi.de/DE/Themen/Digitales/Intelligente-Verkehrssysteme/intelligente-verkehrssysteme.html [Stand: 17.2.2020]

Bundesministerium für Verkehr und digitale Infrastruktur: Verkehr und Mobilität in Deutschland, Berlin 2016

Bundesministerium für Verkehr und digitale Infrastruktur: Verkehrsprognose 2030 (letzte Aktualisierung: Februar 2020); unter: https://www.bmvi.de/SharedDocs/DE/Artikel/G/verkehrsprognose-2030.html [Stand: 17.2.2020]

Bundesministerium für Wirtschaft und Energie: Energiewende direkt. Auf dem Weg zu weitgehender Klimaneutralität, Berlin November 2016

Bundesministerium für Wirtschaft und Energie: Fortschrittsbericht: Digitalisierung der Industrie – Die Plattform Industrie 4.0, Berlin 2016

Bundesministerium für Wirtschaft und Energie: Fortschrittsbericht 2019: Industrie 4.0 gestalten. Souverän. Interoperabel. Nachhaltig, Berlin 2019

Bundesministerium für Wirtschaft und Energie: Industrie 4.0 und Digitale Wirtschaft, Berlin 2015

Bundesministerium für Wirtschaft und Energie: Monitoring-Report. Wirtschaft DIGITAL 2016, Berlin 2016

Bundesministerium für Wirtschaft und Energie: Monitoring-Report Wirtschaft DIGITAL 2018. Der IKT-Standort Deutschland und seine Position im internationalen Vergleich, S. 3 ff. unter: https://www.bmwi.de/Redaktion/DE/Publikationen/Digitale-Welt/monitoring-report-wirtschaft-digital-2018-ikt-standort-deutschland-kurzfassung.pdf?__blob=publicationFile&v=8 [Stand: 4.3.2020]

Bundeszentrale für gesundheitliche Aufklärung: Gamescom 2016: Computerspiele, Internet, Smartphone – Risiken kennen, Sucht vermeiden, Köln/Berlin 2016

Bundeszentrale für politische Bildung: Dossier Klimawandel, unter: https://www.bpb.de/gesellschaft/umwelt/klimawandel/ [Stand: 12.2.2020]

Bundeszentrale für politische Bildung: Globalisierung. Zahlen und Fakten, unter: https://www.bpb.de/nachschlagen/zahlen-und-fakten/globalisierung/ [Stand: 12.2.2020]

Bundeszentrale für politische Bildung: Was ist Bildung?, unter: https://www.bpb.de/gesellschaft/bildung/zukunft-bildung/282582/einleitung [Stand: 21.3.2020]

Claussen, Thies: Unsere Zukunft. Wie leben wir 2050? Hamburg 2017

Claussen, Thies: Verkehr der Zukunft: Ist unsere Mobilität auch künftig gewährleistet? in: Verkehr und Technik, 9/2017

Claussen, Thies: Zukunft beginnt heute. Gedanken zur Entwicklung von Wirtschaft, Gesellschaft und Technik, Hamburg 2018

Club of Rome: Die Grenzen des Wachstums, Stuttgart 1972

Deutsche Bahn: ETCS: Das Europäische Zugsicherungssystem, unter: https://inside.bahn.de/etcs-europaeisches-zugsicherheitssystem/ [Stand: 17.2.2020]

Deutsches Institut für Urbanistik: Deutschland ist Spitzenreiter in der Mieterquote, unter: https://www.destatis.de/DE/Themen/Gesellschaft-Umwelt/Wohnen/Tabellen/liste-haushaltsstruktur-wohnflaeche.html [Stand: 17.3.2020]

Deutsche Stiftung Weltbevölkerung: Neue UN-Projektionen: Weltbevölkerung wächst bis 2050 auf 9,7 Milliarden Menschen, unter: https://www.dsw.org/neue-un-projektionen-2019/ [Stand: 12.2.2020]

Die Bundesregierung: Klimaschutzplan 2050. Klimapolitische Grundsätze und Ziele der Bundesregierung, Berlin 2016

Die Bundesregierung: Legislaturbericht Digitale Agenda 2014 – 2017, Berlin 2017, unter: https://www.bundesregierung.de/breg-de/service/publikationen/digitale-agenda-2014-2017-727554 [Stand: 4.3.2020]

Die Bundesregierung: Überblick Klimaschutzprogramm 2030, unter: https://www.bundesregierung.de/resource/blob/997532/778196/8c6acc2c59597103d1ff9a437acf27bd/infografik-energie-textversion-data.pdf?download=1 [Stand: 6.3.2020]

Die Drogenbeauftragte der Bundesregierung beim Bundesministerium für Gesundheit: Drogen- und Suchtbericht 2019, Berlin 2019

Eberl, Ulrich: Zukunft 2050. Wie wir schon heute die Zukunft erfinden, Weinheim-Basel, 2011

Fraunhofer-Institut für System- und Innovationsforschung ISI: VIVER, Vision für nachhaltigen Verkehr in Deutschland, Working Paper Sustainability and Innovation, No. S 3/2011, Karlsruhe 2011

Frey, Carl Benedikt; Osborne, Michael, A.: The future of employment: how susceptible are jobs to computerisation? Oxford 2013

Fries, Carolin: So ist die Stimmung in der Webasto-Zentrale, unter: https://www.sueddeutsche.de/muenchen/starnberg/bayern-coronavirus-webasto-starnberg-1.4774686 [Stand: 27.3.2020]

FutureManagementGroup: 7 Top-Trends für die Nutzfahrzeuge der Zukunft. Trends, Themen und Technologien, die den Markt verändern werden, Eltville 2014

Generali (Hrsg.): Generali Altersstudie 2017, Frankfurt am Main 2017

Glück, Alois: Warum wir uns ändern müssen: Wege zu einer zukunftsfähigen Kultur; München 2010

Glück, Alois: Wie können wir morgen leben? Der Weg zu einer zukunftsfähigen Kultur, München 2008

Grolle, Johann: Künstliche Intelligenz. Wenn der Computer versteht, was er liest, unter: https://www.spiegel.de/wissenschaft/mensch/kuenstliche-intelligenz-wenn-der-computer-versteht-was-er-liest-a-1189094.html [Stand: 19.2.2020]

Grundgesetz für die Bundesrepublik Deutschland vom 23. Mai 1949 (BGBl. S. 1), zuletzt geändert durch Artikel 1 des Gesetzes vom 15. November 2019 (BGBl. I S. 1546)

Hägler, Max: Siemens-Chef plädiert für ein Grundeinkommen, in: Süddeutsche Zeitung vom 20.11.2016; https://www.sueddeutsche.de/wirtschaft/sz-wirtschaftsgipfel-siemens-chef-plaediert-fuer-ein-grundeinkommen-1.3257958 [Stand: 28.1.2020]

Händeler, Erik: Kondratieffs Welt – Wohlstand nach der Industriegesellschaft, Moers 2005

Haller, Hans: Traum vom ewigen Leben, unter: https://www.spiegel.de/spiegel/print/d-10932954.html [Stand: 11.3.2020]

Hamilton, Scott: Taking Moore's law into the next century, in: Computer, Band 32, Nr. 1, 1999, S. 43 ff.

Harari, Yuval Noah: Eine kurze Geschichte der Menschheit, 23. Aufl., München 2015

Harari, Yuval Noah: Homo Deus. Eine Geschichte von Morgen, 9. Aufl., München 2017

Harari, Yuval Noah: 21 Lektionen für das 21. Jahrhundert, 2. Aufl., München 2018

Henkelmann, Sarah: 9 Thesen zur Digitalen Bildung, unter: https://www.netzwerk-digitale-bildung.de/diskussion/diskussionsbeitraege/diskussionsbeitrag-von-dr-sarah-henkelmann/ [Stand: 21.3.2020]

Hennicke, Peter u.a.: Die Energiewende in Europa – Eine Fortschrittsvision, München 2019

Hillmann, Karl-Heinz: Wertewandel. Ursachen, Tendenzen, Folgen, Würzburg 2003

Holitzner, Bernd: Digitalstrategie: Was ist eigentlich Digitalisierung? Gastbeitrag in der WirtschaftsWoche, 26. Februar 2016, unter: https://www.wiwo.de/technologie/digitale-welt/digitalstrategie-was-ist-eigentlich-digitalisierung/13014938.html [Stand: 4.3.2020]

Horx, Matthias: Das Megatrend-Prinzip. Wie die Welt von morgen entsteht, München 2014

Horx, Matthias: Fünf Thesen zur Zukunft der Arbeit, unter: https://www.zukunftsinstitut.de/artikel/fuenf-thesen-zur-zukunft-der-arbeit/ [Stand: 27.1.2020]

Hülsbömer, Simon: Wie das Internet zur Welt kam, unter: https://www.computerwoche.de/a/wie-das-internet-zur-welt-kam,1901302 [Stand: 9.3.2020]

Institut der deutschen Wirtschaft (Hrsg.): Vision Deutschland, Köln 2013

Institut für Arbeitsmarkt- und Sozialforschung: Arbeit der Zukunft: Wie sich die Arbeitswelt 2035 von heute unterscheidet, in: WirtschaftsWoche vom 28.4.2015

Institut für Demoskopie Allensbach: Lokale Welten, Allensbach 2015

Internationale Klimaschutzinitiative: Minderung von Treibhausgasemissionen, unter: https://www.international-climate-initiative.com/de/themen/minderung [Stand: 6.3.2020]

Ipsos-Institut Berlin: Zukunftshoffnungen der Deutschen, aus: Opaschowski, Horst W.: So wollen wir leben! Die 10 Zukunftshoffnungen der Deutschen, Gütersloh 2014

Kaku, Michio: Die Physik der Zukunft. Unser Leben in 100 Jahren, Hamburg 2013

Keese, Christoph: Silicon Germany. Wie wir die digitale Transformation schaffen, München 2016

Klages, Helmut: Brauchen wir eine Rückkehr zu traditionellen Werten? in: Aus Politik und Zeitgeschehen, Nr. 29/2001, S. 7 ff.

Klages, Helmut: Wertorientierung im Wandel, Frankfurt am Main/New York 1984

Klingholz, Reiner: Deutschlands demografische Herausforderungen. Wie sich das Land langsam aber sicher wandelt, Discussion Paper Nr. 18, hrsg. vom Berlin Institut für Bevölkerung und Entwicklung, Berlin 2016

Kollmann, Tobias; Schmidt, Holger: Deutschland 4.0. Wie die Digitale Transformation gelingt, Wiesbaden 2016

Kondratieff, Nikolai, D.: Die langen Wellen der Konjunktur, in: Archiv für Sozialwissenschaft und Sozialpolitik, Band 56, 1926, S. 573 ff.

Kühl, Eike: Flexible Displays. Schatz, roll schon mal den Fernseher aus, unter: https://www.zeit.de/digital/mobil/2018-01/flexible-displays-ces-2018-las-vegas-fernseher-smartphone/seite-2 [Stand: 9.3.2020]

Kuhn, Thomas: Die fünf gefährlichsten Hacker-Strategien 2020, unter: https://www.wiwo.de/technologie/digitale-welt/cybersecurity-die-fuenf-gefaehrlichsten-hacker-strategien-2020/25357982.html [Stand: 9.3.2020]

Landesmedienzentrale Baden-Württemberg: Das Smartphone - ein multimedialer Alleskönner, unter: https://www.lmz-bw.de/medien-und-bildung/jugendmedienschutz/smartphones-apps/das-smartphone-ein-multimedialer-alleskoenner/#footnote-1 [Stand: 9.3.2020]

Luber, Stefan: Was ist Digitalisierung? unter: https://www.bigdata-insider.de/was-ist-digitalisierung-a-626489/ [Stand: 4.3.2020]

Mascolo, Georg; Richter, Nicolas: Gehört, gestaunt, vergessen, in: Süddeutsche Zeitung vom 27. März 2020, S. 2

Mittler, Dietrich: Erster Coronavirus-Fall in Deutschland bestätigt, unter: https://www.sueddeutsche.de/bayern/coronavirus-deutschland-landsberg-starnberg-1.4774589 [Stand: 27.3.2020]

Müller, Benedikt: Wo der Boom nur ein Traum ist. Regierungsforscher warnen vor einem Verfall der Hauspreise auf dem Land, in: Süddeutsche Zeitung vom 14.9.2015, S. 17

Naisbitt John: Megatrends: Ten New Directions Transforming Our Lives, New York 1982

Naisbitt, John, Aburdene, Patricia: Megatrends 2000, Düsseldorf, Wien, New York 1990

Nefiodow, Leo, A.: Der sechste Kondratieff, St. Augustin 1996

Opaschowski, Horst W.: Deutschland 2030. Wie wir in Zukunft leben, Gütersloh 2013

Opaschowski, Horst W.: So wollen wir leben. Die 10 Zukunftshoffnungen der Deutschen, Gütersloh 2014

Orwell, George: 1984 („Nineteen-Eighty-Four"; erschienen: 1949), München 2002

Otto, Friederike: Wütendes Wetter. Auf der Suche nach den Schuldigen für Hitzewellen, Hochwasser und Stürme, Berlin 2019

Papasabbas, Lena: Neo-Ökologie: Der wichtigste Megatrend unserer Zeit, unter: https://www.zukunftsinstitut.de/artikel/der-wichtigste-megatrend-unserer-zeit/ [Stand: 12.2.2020]

Popp, Reinhold; Reinhardt, Ulrich: Blickpunkt Zukunft, Berlin 2013

Precht, Richard David: Jäger, Hirten, Kritiker. Eine Utopie für die digitale Gesellschaft, München 2018

Prognos AG: Bayerns Zukunftstechnologien. Analyse und Handlungsempfehlungen, hrsg. von der Vereinigung der Bayerischen Wirtschaft, München 2015

Prognos AG: Gesundheit und Medizin – Herausforderungen und Chancen, hrsg. von der Vereinigung der Bayerischen Wirtschaft, München 2018

Quaschning, Volker: Erneuerbare Energien und Klimaschutz, 4. Aufl., München 2018

Rahmstorf, Stefan; Schellnhuber, Hans Joachim: Der Klimawandel. Diagnose, Prognose, Therapie, 9. Aufl., München 2019

Randers, Jorgen: 2052: Eine globale Prognose für die nächsten 40 Jahre. Der neue Bericht an den Club of Rome, München 2014

Reinhardt, Ulrich; Popp, Reinhold: Zukunft! Deutschland im Wandel – Der Mensch im Mittelpunkt, Wien/Zürich 2015

Reinhard, Ulrich; Popp, Reinhold: Schöne neue Arbeitswelt? Was kommt, was bleibt, was geht, Hamburg 2018

Roesner, Anne: Megatrends. 9 Thesen zur Zukunft des Wohnens, unter: https://www.houzz.de/magazin/megatrends-9-thesen-zur-zukunft-des-wohnens-stsetivw-vs~52911961 [Stand: 17.3.2020]

Rottwilm, Christoph: Wie sich die USA zum Land der Wohnungsmieter wandeln, unter: https://www.manager-magazin.de/finanzen/immobilien/wohneigentumsquote-usa-werden-zum-land-der-wohnungsmieter-a-1140761.html [Stand: 17.3.2020]

Schimroszik, Nadine: Neue Trends bringen Smartphones ins nächste Jahrzehnt, unter: https://de.reuters.com/article/deutschland-ifa-smartphones-id-DEKCN1LG161 [Stand: 9.3.2020]

Schulz, Thomas: Was Google wirklich will. Wie der einflussreichste Konzern der Welt unsere Zukunft verändert, München 2015

Schrag, Wolfram: Medienlandschaft Deutschland, hrsg. von der Bayerischen Landeszentrale für politische Bildungsarbeit, 2. Aufl., München 2018

Schreiner, Maximilian: Der Aufstieg der KI: Zehn Jahre Künstliche Intelligenz und ihre Zukunft, unter: https://mixed.de/aufstieg-kuenstlicher-intelligenz-rueckblick-und-ausblick/ [Stand: 19.2.2020]

Schröder, Tim: Die Weltreparatur, in: Süddeutsche Zeitung vom 18./19. Januar 2020, S. 34 f.

Schwab, Klaus: Die Vierte Industrielle Revolution, 3. Aufl., München 2016

Schweitzer, Hanne: Der Laster wird zum Hightechgerät, in: ZEIT-ONLINE vom 21.9.2016

Shell: Jugendstudie 2019. Eine Generation meldet sich zu Wort, unter: https://www.shell.de/ueber-uns/shell-jugendstudie/_jcr_content/par/toptasks.stream/1570708341213/4a002dff58a7a9540cb9e83ee0a37a0ed8a0fd55/shell-youth-study-summary-2019-de.pdf [Stand: 22.3.2020]

Siemens AG: Die Zukunft der Industrie, Globale Siemens-Website, München 2016

Siemens AG: Digitalisierung verändert die Industrie. Die Zukunft der Industrie vorausdenken, unter: https://new.siemens.com/global/de/unternehmen/themenfelder/digital-enterprise.html?stc=wwdi104425&s_kwcid=AL!462!3!350014328639!b!!g!!%2Bindustrie%20%2Bder%20%2Bzukunft&ef_id=Cj0KCQiAwP3yBRCkARIsAABGiPrju-6uHyu_9NQVdULBy [Stand: 4.3.2020]

Smith, Laurence C.: Die Welt im Jahr 2050. Die Zukunft unserer Zivilisation, München 2014

Statistisches Bundesamt: Alterung der Bevölkerung durch aktuell hohe Zuwanderung nicht umkehrbar, Wiesbaden, Pressemitteilung Nr. 021 vom 20.1.2016

Statistisches Bundesamt: Bevölkerung im Erwerbsalter sinkt bis 2035 voraussichtlich um 4 bis 6 Millionen, unter: https://www.destatis.de/DE/Presse/Pressemitteilungen/2019/06/PD19_242_12411.html;jsessionid=B7519E23941EDB3F5FC44ABDFB42B06B.internet732 [Stand: 14.2.2020]

Statistisches Bundesamt: Bevölkerung im Wandel. Annahmen und Ergebnisse der 14. Koordinierten Bevölkerungsvorausberechnung, Wiesbaden 2019

Statistisches Bundesamt: Durchschnittliche Wohnfläche pro Person nach Haushaltstyp, unter: https://www.destatis.de/DE/Themen/Gesellschaft-Umwelt/Wohnen/Tabellen/liste-haushaltsstruktur-wohnflaeche.html [Stand: 17.3.2020]

Statistisches Bundesamt: Entwicklung der Privathaushalte bis 2035, unter: https://www.destatis.de/DE/Themen/Gesellschaft-Umwelt/Bevoelkerung/Haushalte-Familien/Publikationen/Downloads-Haushalte/entwicklung-privathaushalte-5124001179004.pdf?__blob=publicationFile [Stand: 16.3.2020]

Statistisches Bundesamt: Häufigste Todesursachen 2017, unter: https://www.google.com/search?q=statistisches+bundesamt+sterbef%C3%A4lle+nach+den+10+h%C3%A4ufigsten+todesursachen&oq=st&aqs=chrome.0.69i59l2j69i57j69i59j0l4.3364j0j8&sourceid=chrome&ie=UTF-8 [Stand: 11.3.2020]

Statistisches Bundesamt: Privathaushalte nach Haushaltsgröße im Zeitvergleich, unter: https://www.destatis.de/DE/Themen/Gesellschaft-Umwelt/Bevoelkerung/Haushalte-Familien/Tabellen/lrbev05.html [Stand: 16.3.2020]

Statistisches Bundesamt: Statistisches Jahrbuch 2019, Kapitel 2: Bevölkerung, Familien, Lebensformen, Wiesbaden 2019

Statistisches Bundesamt: Zeitverwendungserhebung. Aktivitäten in Stunden und Minuten für ausgewählte Personengruppen, Wiesbaden 2015

Stiftung für Zukunftsfragen: Freizeit-Monitor 2016. Die beliebtesten Freizeitbeschäftigungen der Deutschen, in: Forschung aktuell, Ausgabe 269, August 2016

Stiftung für Zukunftsfragen: Vertrauen, Freiheit, Fortschritt; Die Zukunftshoffnungen der Deutschen, Hamburg 2007

Töpfer, Klaus; Yogeshwar, Ranga: Unsere Zukunft. Ein Gespräch über die Welt, München 2011

Umweltbundesamt: Beobachtete und künftig zu erwartende globale Klimaänderungen, unter: https://www.umweltbundesamt.de/daten/klima/beobachtete-kuenftig-zu-erwartende-globale#-ergebnisse-der-klimaforschung- [Stand: 6.3.2020]

Umweltbundesamt: Die Zukunft im Blick: 3D-Druck, Dessau-Roßlau 2018

Umweltbundesamt: Energieverbrauch nach Energieträgern und Sektoren, unter: https://www.umweltbundesamt.de/daten/energie/energieverbrauch-nach-energietraegern-sektoren [Stand: 6.3.2020]

Umweltbundesamt: Treibhausgasminderungswirkung des Klimaschutzprogramms 2030, Dessau-Roßlau, März 2020, unter: https://www.umweltbundesamt.de/sites/default/files/medien/1410/publikationen/2020-03-05_climate-change_12-2020_treibhausgasminderungswirkungen-klimaschutzprogramm-2030.docx_.pdf [Stand: 6.3.2020]

Umweltbundesamt: Und sie erwärmt sich doch. Was steckt hinter der Debatte um den Klimawandel? Dessau-Roßlau 2013

Umweltbundesamt: Zu erwartende Klimaänderungen bis 2100, Dessau-Roßlau 2013

VDI-Technologiezentrum: Forschungs- und Technologieperspektiven 2030, Ergebnisband 2 zur Suchphase von BMBF-Foresight Zyklus II, Düsseldorf 2015

Verband Deutscher Kabelnetzbetreiber (ANGA): Medienkonsum der Zukunft, Berlin 2015

Vereinigung der Bayerischen Wirtschaft e.V. (Hrsg.): Studie: Neue Wertschöpfung durch Digitalisierung, München 2017

Vereinigung der Bayerischen Wirtschaft/Prognos AG: Bayerns Zukunftstechnologien, München 2015

Werner, Kathrin: Mehr Freizeit, gleiche Arbeit, in: Süddeutsche Zeitung vom 7.9.2016

Wissenschaftlicher Beirat der Bundesregierung Globale Umweltveränderungen: Klimawandel: Warum 2°C? unter: https://www.wbgu.de/fileadmin/user_upload/wbgu/publikationen/factsheets/fs2_2009/wbgu_factsheet_2.pdf [Stand: 13.2.2020]

World Innovation Summit for Education (WISE): Wie sieht die Schule im Jahr 2030 aus? Doha/Katar 2014

Yogeshwar, Ranga: Nächste Ausfahrt Zukunft. Geschichten aus einer Welt im Wandel, Köln 2017

Zukunftsinstitut: 3D-Druck: Die stille Revolution, unter: https://www.zukunftsinstitut.de/artikel/technologie/3d-druck-die-stille-revolution/ [Stand: 3.3.2020]

Zukunftsinstitut: 6 Thesen zur Künstlichen Intelligenz, unter: https://www.zukunftsinstitut.de/artikel/digitalisierung/6-thesen-zur-kuenstlichen-intelligenz/ [Stand: 19.2.2020]

Zukunftsinstitut: Gesundheit Glossar, unter: https://www.zukunftsinstitut.de/artikel/mtglossar/gesundheit-glossar/ [Stand: 11.3.2020]

Zukunftsinstitut: Megatrend Gesundheit, Frankfurt am Main 2016

Zukunftsinstitut: Wissenskultur Glossar, https://www.zukunftsinstitut.de/artikel/mtglossar/wissenskultur-glossar/ [Stand: 21.3.2020]

Zukunftsinstitut: Zukunft des Wohnens – die zentralen Trends bis 2025, Frankfurt am Main 2013

Printed in Germany
by Amazon Distribution
GmbH, Leipzig